大变革

全球价值链与下一代贸易治理

张茉楠◎著

The Great Revolution:
Global Value Chain and Next Generation of Trade Governance

中国经济出版社
CHINA ECONOMIC PUBLISHING HOUSE
北京

图书在版编目（CIP）数据

大变革：全球价值链与下一代贸易治理／张茉楠著.
北京：中国经济出版社，2017.1
ISBN 978－7－5136－4546－1

Ⅰ.①大… Ⅱ.①张… Ⅲ.①世界经济—研究②国际贸易—研究 Ⅳ.①F11②F74

中国版本图书馆 CIP 数据核字（2016）第 294595 号

责任编辑　张梦初
责任审读　贺　静
责任印制　马小宾
封面设计　华子图文

出版发行　中国经济出版社
印 刷 者　北京力信诚印刷有限公司
经 销 者　各地新华书店
开　　本　710mm×1000mm　1/16
印　　张　13.25
字　　数　180 千字
版　　次　2017 年 1 月第 1 版
印　　次　2017 年 1 月第 1 次
定　　价　58.00 元
广告经营许可证　京西工商广字第 8179 号

中国经济出版社 **网址** www.economyph.com **社址** 北京市西城区百万庄北街 3 号 **邮编** 100037

序

张茉楠博士是年轻有为的学者，研究成果丰硕，受到学术界和理论界的关注和好评。《大变革：全球价值链与下一代贸易治理》是她近两年在研究积累上完成的新著，本书对于更好地认识经济全球化的来龙去脉、未来走向，以及如何创造新的全球化具有十分重要的启发意义和指向意义。

如何应对全球价值链革命，已经成为极富挑战性和冲击性的时代命题。统计表明，从1980到2013年，全球总出口商品贸易增长了10倍，服务贸易增长了9.8倍，全球跨境FDI增长了34倍。这些高速发展的贸易流、资金流、要素流、价值链正在创造一个密集而复杂的全球经贸网络，这个网络就是全球价值链网络。

过去三十年，全球贸易增速为全球GDP增速的两倍，是名副其实的全球化风向标。然而，国际金融危机之后，世界有效需求严重不足，全球贸易增长一直难以走出低迷状态，WTO甚至认为这是20世纪80年代以来“最糟糕的时期”。这一现象越来越多地引起了人们的广泛思考，到底该如何推动新的全球化繁荣与发展？如何促进全球化利益的合理分配？如何提升全球要素资源的配置效率？张茉楠博士撰写的《大变革：全球价值链与下一代贸易治理》一书给我们提供了认识上述问题的独特视角。

经济发展实践表明，全球生产力变革已对传统经济学和国际贸易理论框架提出了巨大挑战。早在2004年，美国诺贝尔经济学奖得主、著名经济学家保罗·萨缪尔森就发表文章指出：“大卫·李嘉图在两百年前提出的比较优势这个概念一直是现代经济学关于国际贸易的理论基石，但这个概念已经不能再帮助我们理解21世纪的国际贸易”。

“比较优势理论”的前提是劳动分工，亦即发展中国家致力于劳动密集型产业，而发达国家则致力于资本和技术密集型产业。因此，过去国际贸易以产业间贸易为主，不同国家生产不同的工业品，通过比较优势贸易可以“互通有无”。然而，这些经典理论在现实面前却面临解释力不足的考验。产业内贸易和企业内贸易变得更为普遍，特别是随着国际产业分工体系的深化，以跨国公司为主体形成的全球价值链使得在不同国家子公司之间，或者总部与子公司之间可以进行大规模贸易往来。2009 年，美国 48% 的总进口额和 30% 的总出口额都源自于企业内贸易。

当前，全球生产和贸易模式正从最终品贸易转向价值链贸易。在新的国际分工和全球价值链模式下，产品流动，尤其是中间产品的跨境流动实质上是参与全球生产的一个过程和流转环节。全球价值链革命造成中间品贸易在国际贸易中的迅猛增长，这意味着与传统意义上的所谓“外需”已经截然不同，在这种新价值链模式下，产品生产已经具有了“世界制造”的意义。

我非常赞同本书提出的观点，全球经济体系与其以“发达国家和发展国家”区分，不如以全球生产者和消费者来划分。从这个角度看，全球价值链的根本目的就是提高全球要素资源和生产力的效率，进而提升全球经济贸易的整体福利。

近些年，我关注到一个结构性变化——那就是过去几十年间，全球财富和经济权力主要集中于发达经济体，在这样的背景下，全球主导性消费也主要集中于发达经济体，这必然促使跨国公司的全球战略主要“定位”于发达市场。然而，随着全球三次大的产业转移，新兴经济体和发展中经济体的迅速崛起，以及全球经济重心的逐渐“东移”，跨国公司越来越多把生产环节、销售环节、甚至研发环节置于新兴经济体，即所谓的“靠近市场”。这是近几年来，跨国公司在新兴经济体市场进行生产布局和资源配置的一个重要驱动力，而这也给新兴经济体融入全球价值链，实现产业结构升级提供了新的发展机遇。据联合国贸发会议发布的报告，包括最不发达国家在内的多数发展中国家都不同程度地参与了全球价值链分工，且参与度不断提高。

中国作为最大的新兴市场，更受益于全球价值链贸易。改革开放以来，中国经济快速崛起与全球价值链的纵深发展存在着密切关联。通过参与全球价值链，使中国越来越深地融入全球产业大循环、融入世界经济体系的步伐大大加快，“学习曲线”效应十分显著，成为全球的“价值洼地”。

2009年，中国超过德国，成为全球最大商品出口国；2012年，中国商品贸易总额首次超过美国，成为全球第一大贸易体。目前，中国进出口占全球货物贸易的10%以上，为“入世”前的三倍之多，因而中国对世界经济的影响力越来越大。本书指出，全球价值链重构的一个重要体现就是形成了以中国为核心的亚太价值链（尤其是东亚价值链），亚太价值链已成为当今全球贸易循环中最为关键的链条之一，是全球经济增长最重要的驱动力。

全球价值链革命带来系列深层次的结构性变化，最为重要的是发展理念的变化，正如本书所指出，在全球价值链分工体系下，衡量一国贸易规模和结构应从产品视角转向价值创造视角，这一转向将广泛而深刻地影响传统贸易统计体系以及国际贸易治理规则体系，这给我们的宏观经济政策和贸易政策制定提供了一个理念上的创新转变，即如何使宏观经济政策、贸易政策更有效地服务于产业升级和价值创造。

我要特别指出本书给出了一个很有意义的启示：全球价值链和贸易深入融合的结果之一是在全球贸易中，中间产品的贸易份额超过最终产品的贸易份额。中国作为全球价值链的重要环节，以及全球最大的中间品贸易大国对全球贸易存在巨大的贸易创造效应，这意味着中国不但没有压缩，反而给其他经济体创造了更多的贸易机会。一方面，随着全球价值链的深化与演变，中国深度融入了全球分工网络体系，沿用传统贸易统计进行贸易问题的分析以及决策将不可避免导致对现实的误读和歪曲。

另一方面，在全球生产网络与增加值贸易发展的背景下，一国产业升级也变得更加错综复杂，我们不能再局限于一个国家边界内研究产业升级，而要放在全球价值链体系中去研判国家间的产业竞争与贸易利益分配问题，特别是当前全球价值链的“服务化”“数字化”大大改变了国际贸易形态，改变了原有贸易利益的内涵，亟需新的贸易统计方法和框架，即以增加值贸易统计来支撑相关的分析与决策。

在上述认知前提下，张茉楠博士分别从政策层面和规则层面，提出了基于全球价值链的贸易增加值结构测算框架，以及着眼于未来，面向全球价值链的国际贸易治理新框架来促进全球贸易的深入发展。我认为《大变革：全球价值链与下一代贸易治理》对这些新问题的研究非常有价值，是富有前瞻性的探讨。

全球价值链为世界各国开辟了促进增长、提高竞争力和创造就业的前景，是理解“全球化”的一个重要而全新视角。然而，近几年来，出现了具有排他性质的区域自由贸易协定、各种形式的保护主义、分离主义在内的“逆全球化”、甚至是“去全球化”的现象，不仅影响了全球价值链的深入发展合作，也导致全球贸易增长遇阻。但全球化不是一场“零和游戏”，全球化的历史潮流不可逆转，以新一轮技术革命、数字革命为代表的产业重组和全球价值链重构，正在为新一轮全球化发展积聚新力量和新动能。

从未来发展趋势看，包括亚太区域在内的全球经贸格局正在步入框架重构的阶段。摩擦、冲突、碰撞将会前所未有，这对于积极倡导“全球化”，主张构建“包容性”全球价值链的中国而言，无疑是一次重大挑战，但更是一次难得的历史性机遇。中国需要以全球价值链重构为契机全面提升国家的产业结构竞争力，也需要更好地贡献治理理念和治理规则这样的“公共产品”来创造新的全球化净收益。

中国社会科学院荣誉学部委员

谷源洋

前　言

2008年全球金融危机爆发以来，世界经济步入深度调整与结构再平衡的“新平庸”状态。全球贸易增长持续低迷，以大规模跨国投资驱动、高增长中间品贸易为特征的全球价值链步入深度结构调整期，原有的以“消费国-生产国-资源国”为核心链条的全球贸易大循环变得愈发不可持续。因此，如何从促进全球价值链深度整合与合作的角度，提出完善全球经贸治理的新路径、新举措，是一个具有重大现实意义的战略命题。

所谓全球价值链，一直没有特别严格的定义。以最具代表性的联合国工业发展组织（UNIDO，2002）来定义，就是一种在全球范围内的生产活动，该生产链涵盖商品生产与服务环节，这种连接通区域的生产、加工、销售、回收等环节的跨国性生产络，可被解读为一种全球性的价值链。众多参与企业通过承担不同环节的功能，捕获各不相同的利润，并且通过与主供应商以及跨国公司的协调实现该链条的持续性运作。

全球价值链的形成和发展是世界经济深入发展的必然结果。第二次世界大战以后，全球范围内制造业出现了三次跨国大转移，制造业跨国投资、技术合作、合同制造等大大推动了生产全球化，特别是随着跨国公司全球一体化和内部生产网络的形成，成为经济全球化在生产、制造、流通领域的突出表现，全球价值链基础也由此形成。

在现今国际分工体系中，由于存在比较优势的差异，一个国家往往集中于价值链上的特定环节进行生产。由此带来的一个非常重要的问题是：什么因素在影响价值链上的分工结构？过去李嘉图模型（Ricardian Model）、赫克歇尔—俄林模型（Heckscher-Olin Model）等经典国际贸易理论都认为，国家间要素禀赋的差别决定了各国的比较优势，从而决定了国际贸易格局。然而，随着贸易自由化迅速推进、国际运输成本降低、信息通讯技术提升等多方因素的共同作用下，全球价值链上的国际分工正日益深化和细化，国家间的分工已经深入到产品生产过程中的不同阶段。

全球价值链模式下中间产品贸易增多，全球生产由跨国投资驱动、服务贸易对生产网络的运转发挥重要作用使其早已成为“全球化”发展的核心驱动力量。本世纪以来，国际分工越来越表现为相同产业不同产品之间和相同产品内不同工序、不同增值环节之间的多层次分工。国际分工的范围和领域不断扩大，逐渐由产业间分工发展为产业内分工，进而演进为以产品内部分工为基础的中间投入品贸易（称为产品内贸易），从而形成了“全球价值链分工”。全球价值链、产业链和供应链对国际生产、国际贸易和国际投资产生了深远的影响，让全球市场依存度日益加深，“全球制造”正在取代“美国制造”“德国制造”“中国制造”成为新的大趋势。在全球价值链分工时代，各国产业结构的关联性和依存度大大提高，一国产业结构必须在与其他国家产业结构互联互动中进行，在互利共赢中实现动态调整和升级，也因此才能获得资源整合、要素配置效率和全要素生产率的提高所带来的红利。

世界经济发展的历史和实践证明，大国对外越开放，其国际竞争力通常就越强，增长就越快。近30多年来，中国对外贸易增速、贸易结构和贸易方式的变化，可以讲与全球价值链的重构紧密相关。在亚洲产业链发展过程中，中国凭借其相对东亚其他国家较好的基础设施和人力资本，相对日本等国较为低廉的劳动成本，逐渐成为亚洲中间品贸易的核心，形成了从东亚各国进口半成品，在国内加工装配成最终产品，并最终输往美国和欧洲的“三角贸易”模式和特征鲜明的新型东亚生产网络。由于大量劳动密集型加工组装环节由日本、韩国、新加坡、中国台湾、中国香港等地转移至中国，随之而来的是这些国家和地区原来对美、欧的顺差也转移至中国，导致了夸大了统计意义上的全球经济失衡，使中国连续数年成为全球贸易保护和贸易摩擦重灾区。

在全球价值链时代，各国经济发展愈发依赖于参与全球价值链的发展和升级。但不可否认的是，参与全球价值链，本身不能保证一国能够获益，更无法确保一国自然地向全球价值链更有利位置攀升，甚至可能落入低附加值活动的陷阱。当前，以全球价值链为代表的国际产业分工体系正处于新的调整时期。全球价值链升级的核心在于提高产品/产业的国内增值率。一国在全球价值链上的位置取决于其专业化深度，其在全球价值链中的竞争力和比较优势不仅体现在贸易量上，更体现在对全球价值的创造与获取程度上，一国产业升级也变得错综复杂，我们不能再局限于一个国家边界内研究产业升级，而要放在全球价值链体系中去研判国家间的产业竞争与贸易利益分配问题。

正是在这样的大背景下，世界贸易组织（WTO）、经济合作与发展组织（OECD）、联合国贸易与发展会议（UNCTAD）、APEC 等纷纷致力于建立增加值贸易核算体系、全球价值链政策的研究制定，旨在改善全球价值链效率，推动各国政府、企业、私人部门的公私合作，全面融入全球价值链，实现全球经济均衡、可持续发展，进而构建包容性国际经济治理体系。

本书的重点是希望通过全球价值链与增加值贸易核算的视角透视经济全球化与全球贸易利益格局演变的过程，特别是对中国贸易与产业升级有一个全景式的认识。事实上，利用增加值贸易核算方法得到的结果可以直接应用于双边贸易平衡和显性比较优势等问题的研究。增加值贸易以价值增值为统计口径，剔除了各国出口中的国外价值增值能够真实测度各国出口中真正由本国创造的价值增值，客观反映了各国的国际分工地位以及贸易利益。增加值贸易体系看重的是全球价值链分工体系下不同来源价值增值的地理分布，通过对贸易中不同来源价值增值进行分解，可以完成对全球价值链地理分布“基因图谱”的绘制。

2014 年，Koopman et al. 提出了一种可对各国在全球价值链上的贸易总出口进行全面分解的框架（简称 KWW）在贸易附加值分解技术上取得了突破性的进展。传统贸易统计数据中的重复计算问题可在该框架下得到全面修正，从而在国际贸易核算与国民收入核算的标准间实现了统一。基于该方法，一国的总出口可以被细分为 4 大类附加值项：出口后不再回流的附加值、回流的附加值、国外附加值以及其余重复计算部分。同时，每一大项均可再进行细分以区别中间投入和最终消费品。与以往研究中的贸易附加值测算方法相比，KWW 方法实现了对贸易总额的完整分解。同时，该方法不仅给出了贸易总额中的重复计算总量，还对重复计算项目的来源、流向和目的地等进行了细分考察，从而对全球价值链上的贸易结构进行了更为清晰的描述。

基于这样的认知逻辑和研究方法框架，本书共分为九章，分别从全球价值链发展的历史、挑战、评估、合作、趋势、政策等视角进行了全面深入地研究。基于世界投入产出数据库（WIOD）的相关数据，采用国际前沿的贸易增加值核算 KWW 方法，对全球价值链分工体系中中国产业和贸易的地位、增加值获取能力以及世界主要国家间的贸易利益分配进行深入的测算与研究。在此基础上，笔者着重通过以中韩产业合作为基础的亚太价值链合作，以“一带一路”为基础的亚欧价值链合作，以及以数字经济为基础的数字价值链合作进行三个专题性研究，这些领域的拓展合作不仅有利于促进全球价值重构和和资源整合，也有利于为全球经济开辟新的增长道路。

世界正在步入“全球价值链时代”，国际经贸规则、标准的变革和创新进入活跃期，建设全球价值链下的国际经贸新秩序与下一代贸易治理框架是全球共同面临的挑战与任务。尽管美国选后新任美国的对外经贸政策可能使得 TPP、TTIP 可能存在变数，但围绕 21 世纪国际贸易规则话语权的争夺将更加激烈。无论如何，只有适应全球价值链分工的发展趋势的贸易投资规则，才能最终获得生命力。

本书最后提出了下一代贸易治理的思路和实施路径建议，指出需要将现有区域自贸协定置入真正代表全球化的全球价值链中去考虑，各类区域贸易协定在新的国际贸易规则高标准框架下，应秉持开放、透明、非歧视原则，积极应对影响全球价值链发展的贸易投资壁垒，朝着统一的多边规则而努力，继续推动以面向全球价值链合作的下一代贸易政策框架。作为一个开放性的研究命题，本书仍是探索性研究，希望“抛砖引玉”，引起更深入地思考和更广泛阶层的参与推动。

目　录

第一章

全球贸易低增长之谜：价值链重构与全球结构再平衡视角

2008年国际金融危机以来，世界经济步入深度调整与结构再平衡的“新平庸”状态，以贸易全球化为主要特征的全球化遭遇逆流，全球贸易增长持续低迷；以大规模跨国投资驱动、高增长中间品贸易为特征的全球价值链步入深度调整期，这背后到底是周期性因素，还是结构性问题？其所产生的正面效应和负面效应到底如何评估是摆在我们面前的一个重大而现实的议题。

一、全球贸易增长停滞：周期性 VS. 结构性

经济合作与发展组织（OECD）最近发布的报告显示，全球经济已经陷入了“低增长陷阱”，不仅发达国家经济增速缓慢，在许多新兴经济体中经济也都放缓，特别是全球贸易和投资疲软现象持续，其中全球价值链放缓以及全球结构再平衡对经济增速放缓造成了非常重要的影响。

当前，全球贸易增长乏力，对世界经济增长的拉动作用大幅下降。过去30年，全球贸易增速是全球GDP增速的2倍。然而，由于需求疲弱、成本升高、贸易摩擦增多等周期性和结构性原因，全球贸易增长进入十分低迷的时期。根据世界贸易组织（WTO）发布的全球贸易增长报告，2016年全球贸易增长将降为2.8%，远远低于2008年金融危机前10年平均贸易年增长率6.7%的水平，也低于GDP增长。低迷的贸易增长对经济发展和就业前景造成负面影响。从未来重振全球贸易发展来看，要扭转世界经济持续性放缓甚至衰退的根本在于提高全球经济体生产力、提高资本和技术的配置效率、扩大全球创新基础设施投资，深化全球价值链分工效率与合作水平，这对实现全球新的增长繁荣具有深远的意义。

一直以来，作为世界经济增长引擎的国际贸易年均增速都为世界经济

增速的 1.5 倍，甚至是 2 倍。而现在这一“引擎”却开始停滞甚至面临“熄火”的风险。根据世界贸易组织发布的全球贸易增长报告，1990—2007 年全球国际贸易增长 6.9%，2008—2015 年平均增长约 3.1%，过去一年，全球贸易增长降为 1.2%，还不到 2008 年金融危机前 10 年平均贸易年增长率 6.7% 水平的一半。2016 年 WTO 也将贸易增长由 2.8% 下调至 1.7%。贸易对 GDP 的创造效应不仅大大降低，而且其下降幅度还远高于 GDP 的下降幅度，这是一个值得高度关注和反思的问题。

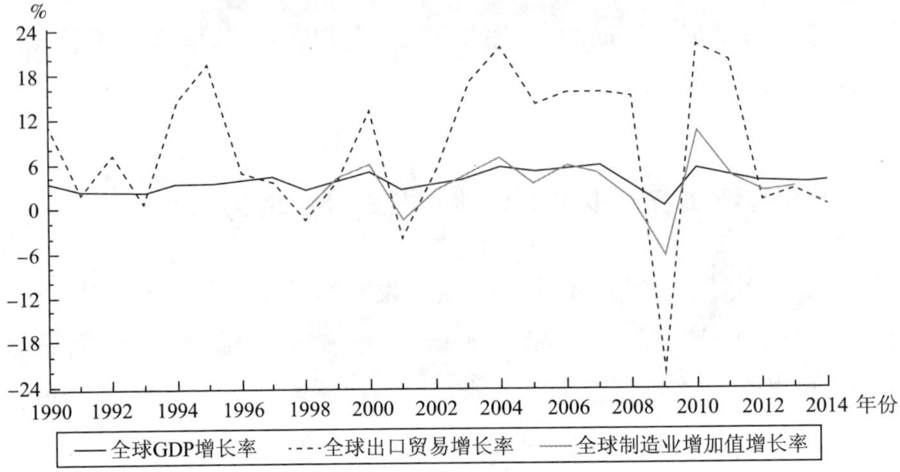

图 1-1 全球贸易增长进入“持续低迷期”

资料来源：World Bank，WTO，IMF。

事实上，如此低迷的全球贸易增速在过去 50 年里仅遇到 5 次，分别是 1975 年、1982 年、1983 年、2001 年和 2009 年（正好对应着经济危机期间），然而这一次却是连续四年低于 3% 的水平，这当然与全球需求以及价格等周期性因素有关，但是周期性因素似乎仍难以充分解释这一现象。

全球贸易增长停滞的背后更多的是结构性因素所导致，这种结构性因素与近年来的全球价值链贸易有直接关系。其实，全球价值链贸易的快速发展早已深刻改变了世界经济格局，也改变了国家间的贸易、投资和生产联系。

2016 年 9 月，经济合作与发展组织发布了题为《世界贸易为何如此脆弱，政策可以发挥什么作用?》的研究报告。报告认为，世界贸易放缓的一个因素是生产工序的国际分割遇到了瓶颈，国际分割重回区域性的生产网络而非全球分配的供应链体系。在经历了 20 多年的垂直专业化贸易的快速扩张后，支撑世界贸易增长的“全球价值链”开始停滞。中间投入品进口的放缓反映出世界货物贸易的增速低于服务贸易的增速。在剔除商品价格和周期性因素的影响后，整体而言，G7 经济体在“全球价值链”中的参与度逐渐降低，其中美国和日本下降幅度最大，2011—2015 年分别下降 20% 和 10%，金融危机后疲软的进口需求影响了发达经济体，而 2015 年后新兴经济体的经济发展也导致了全球贸易的下滑。

全球价值链这一新贸易体系归结起来有三个显著特征：一是最终产品经过两个或两个以上连续阶段的生产；二是两个或两个以上的国家参与生产过程并在不同阶段实现价值增值；三是至少有一个国家在生产过程中使用进口投入品，因此产生了大量的中间品贸易和增加值贸易。全球价值链对当前全球贸易的影响十分复杂，需要我们进一步分析其影响全球贸易增长的机制。

全球贸易低增长之谜背后的结构性因素也比较复杂，包括“去全球化”风潮兴起，全球价值链重构与结构再平衡，以及区域贸易协定与国际贸易治理的“碎片化”影响等，其中全球价值链重构是其中的核心变量。

国际金融危机以来，世界经济长期低迷也导致“去全球化”“逆全球化”的思潮渐起，一些代表性观点认为，首先，从发达经济体和成熟的工业化国家来看，在发达经济体内部逐渐失去竞争优势的产业不断向国外转移，造成了本国的产业空心化趋势。这些都使得以传统农业和传统制造业为代表的“旧经济部门”利益受损，部门内出现利润下滑和失业率增加的情况。

其次，从发展中经济体和后发国家来看，以美国为代表的消费国和以中国为代表的大部分生产国，在这一全球分工结构中都获得了实际利益。消费国得到了全球供应的廉价商品，生产国实现了产能、技术、资本的积累和劳动力素质的提升。但更多依赖资源出口的资源国和价值链低端的生产国并未享受到这种红利，主要表现为在全球化进程中出现增长低迷、资源透支、效率低下、产业不振等问题。

最后，财富分配失衡问题仍未有效解决。瑞信银行所发布的《2014年度全球财富报告》显示，从区域分布来看，欧洲、北美和亚太国家（不含中国和印度）依次拥有世界总财富的32.8%、31.7%和20%，相比之下，拉丁美洲拥有3.8%，而非洲和印度仅拥有2.5%。拥有世界人口总量58%的这部分发展中、最不发达的国家和地区仅仅拥有全球财富的16%。从人口分布上看，全球人口被财富等级严格区分，占全球人口数量将近一半的人群仅分享全球总财富的1%，而全球最富10%的群体则掌握着全球财富的86%。可见，“逆全球化”体现了全球利益分配不平衡的一种“再平衡”。

由此在这轮去全球化，甚至是反全球化思潮的影响下，全球贸易投资保护主义日渐增强。根据Global Trade Alert统计数据显示，2010年以来，发达国家实施贸易保护措施（包括反倾销条例、原产地规则、进口配额制、出口配额制、进口许可证制、进口押金制、外汇管制、最低限价制和更严格的技术、卫生、检验标准等多种形式）数量激增，特别是美国，2015年实施贸易保护措施624项，为2009年的9倍。其中，2015年美国采取了90项贸易歧视措施，位居各国之首，成为限制贸易自由化最激进的国家，这对全球经济也是一种非常大的伤害。

历史数据显示，美国以及12个西欧经济体名义GDP增速在1930年、1931年分别下滑5%、7%。而贸易的下滑更为明显，对比全球生产以及出口额可以发现，出口的下降幅度大于产出，且恢复的程度和速度都滞后于产出。全球贸易量在1929年到1933年间降幅达25%，且接近50%的降幅是由贸易保护导致的。贸易保护带来的恶性竞争助推了全球经济的进一步下行。

而2008年国际金融危机以来，全球贸易增长基本上减少了一半——从每年6.7%降至3%左右。更重要的是，全球贸易增长持续滞后于全球GDP增长。这意味着，增长的贸易强度正在下降，因此，全球经济正变得越来越背离“全球化”了。

二、全球价值链贸易背后的“结构再平衡”问题

不能不说全球价值链当前的收缩与全球经济再平衡不无关系，原有的以“消费国—生产国—资源国”为核心链条的全球贸易大循环变得越发不可持续。美、欧等发达国家高负债导致的杠杆收缩，以及工业部门的“重返制造业”导致消费驱动的国家增长结构出现重大变化。数据显示，2014 年，美国居民部门杠杆率已经从 2009 年的高点大幅下降到 2003 年时的水平。

OECD 报告认为，相比而言，亚洲地区形成了一定的区域价值链，其中，中国、日本、韩国、印度以及其他活跃的亚洲国家占世界中间品进口的约 40%。但近年来，由于中国国内成熟的中间品生产支持其制造部门的出口，中国迅速向价值链的上游升级，中国对“全球价值链”的依赖程度降低，导致亚洲其他国家，如日本和韩国参与“全球价值链”的程度也出现下降，因此，中国在“全球价值链”趋势放缓中起到了主要的作用。

事实上，作为全球最大生产国的中国，其贸易结构的增长变化也产生了重要影响。20 世纪 90 年代，以嵌入式分工模式为特征的加工贸易在中国迅猛发展，中间品贸易占对外贸易的比重也随之大幅上升。中国加入 WTO 的 10 多年来，中间品货物贸易量年均增速明显高于消费品和资本品。中国中间品贸易表现在两个方面：一是使用本国的廉价资源和劳动力禀赋，生产层次较低的中间投入品再输往国外；二是从国外进口中间投入品，利用本国的劳动力禀赋对其进行加工和组装，生产成最终产品或中间品后出口到国外，即通常所说的加工贸易。

加工贸易催生了亚洲区域的“三角贸易”，这使得中国可以在较短时间内发展成为规模与深度兼具的“全球制造基地”，在制造业的大多数部门和生产环节都具有较强的生产能力。特别是在电子、汽车、机械等以产品内分工为主的部门，形成了较为完整的产业链和产业集群，吸引了越来越多的国际产业转移。UN Comtrade 统计数据显示，自 2005 年开始，中间

产品贸易在贸易总量中占据重要地位。中国主要从韩国、东盟、欧盟、日本进口大量的零部件产品，然后将最终品主要出口到美国、欧盟和中国香港。中国零部件进口相对更为集中，主要集中在排名前3位的经济体，如电子集成电路从中国台湾、韩国、马来西亚进口，占70%以上，同样零部件出口主要分布与最终产品也基本相同，但中国中间品的出口地更为集中，主要集中在排名前3位的经济体，如电信设备、零件出口到中国香港、美国和欧盟，约占70%，中国正在成为全球中间品贸易的中心。

近些年来，要素成本上升、后发优势红利减少，以及外部体贸易竞争追赶与挤压态势的增强导致中国自身嵌入式分工的出口结构也在发生重大转变。根据中国海关总署的统计，加工贸易占出口比重由2007年的50.7%降至2014年的37.8%；同期间，加工贸易占进口比重则由38.5%降至26.8%，显示出中国贸易结构已经开始趋向转型升级。

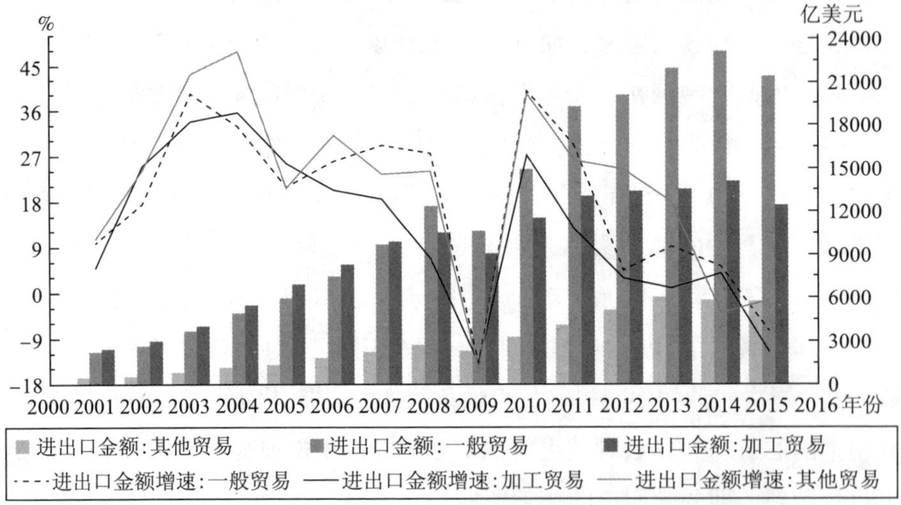

图1-2 "入世"以来中国进出口贸易结构增长变化情况

资料来源：中国海关总署。

中国出口贸易减少了对中间零部件的需求，正在引领出口结构从一般消费品向资本品升级。2015年以来，中国外贸出口当中机电产品已经占出口贸易的一半，大型单机和成套设备出口成为亮点。除了高铁和核电，中国制造在其他领域的出口也表现出了较强的竞争优势，铁路、船舶、航空航天和其他运输设备制造业出口增长保持了较高水平，中国贸易结构的转型升级对全球贸易增长的创造效应开始趋缓。因此，就长期而言，由于全球经济再平衡所导致的贸易增长减速对提升国家竞争力和价值链水平的正面效应远远大于负面效应。

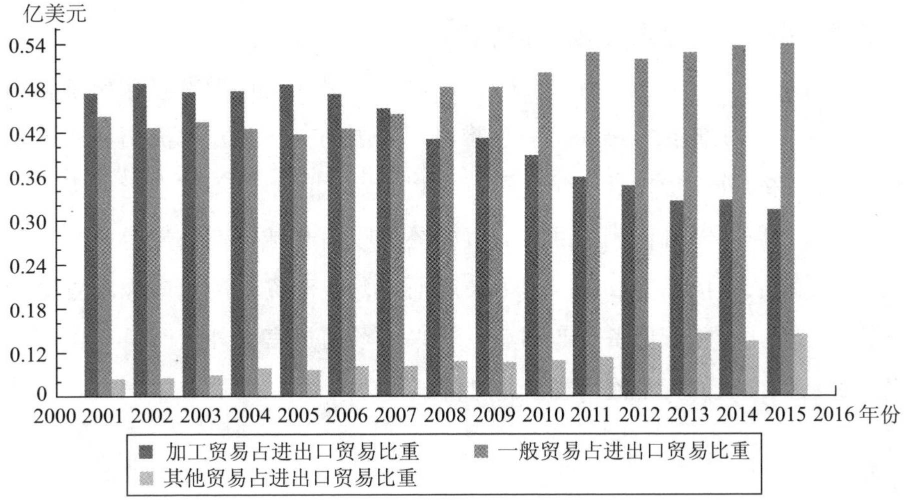

图 1－3　中国一般贸易超过加工贸易占主导地位

资料来源：中国海关总署。

从全球层面来看，全球主要经济体处于劳动人口周期变化的拐点。从长期因素来看，2008—2014 年这一时期叠加了美系国家（美、英、澳、加）和中国这两个全球最大经济体的劳动人口周期拐点。以 15～64 岁劳动年龄人口比重来衡量，美系国家和中国在 2006—2009 年大都经历了劳动年龄人口周期峰值，而欧元区国家（德、法、意等）和日本人口周期此前已于 1988—1992 年“见顶”。劳动力成本将逐步反映到企业的真实成本层面，从而导致企业储蓄下降，而且中国的制造业结构调整速度未来将会逐步加快，出口企业制造顺差的能力有所下降。

发达国家主导的全球总需求不断萎缩，全球继续面临总体需求不足的制约，中国出口部门超高速增长的“黄金窗口”已经过去，将大量劳动力等资源配置于劳动密集型出口部门的效率开始下降。同时，中国正在逼近人口红利的拐点，人口结构已逐步接近老龄化窗口，劳动力成本将逐步反映到企业的真实成本层面，从而导致企业储蓄下降；随着全球经济再平衡和外需萎缩，新兴经济体贸易盈余持续下降，外汇储备占 GDP 比例为 2% 左右，大幅低于危机前历史均值的 5% 左右。尽管美国经济持续复苏，但由于其能源产品进口减少，危机后消费倾向下降，制造业回流，新兴亚洲对美国的出口很难重现危机前的繁荣。

另外，从资本流向上看，美国曾是世界上最大的产业资本输出地，但随着美国"再工业化"战略的有序推进，美国的资本和技术流出将逐渐逆转，可能由海外直接投资净输出国转变为净输入国，这不仅会导致美国资本回流，而且其种种优势和巨大的市场还会吸引全球资本，使得中国吸引全球制造业资本的趋势放缓。就中长期而言，全球资本的流向和配置结构都将发生变化，随着储备资产拐点，新兴市场通过官方外汇购买对美国等发达经济体形成的资本流出规模将会降低。

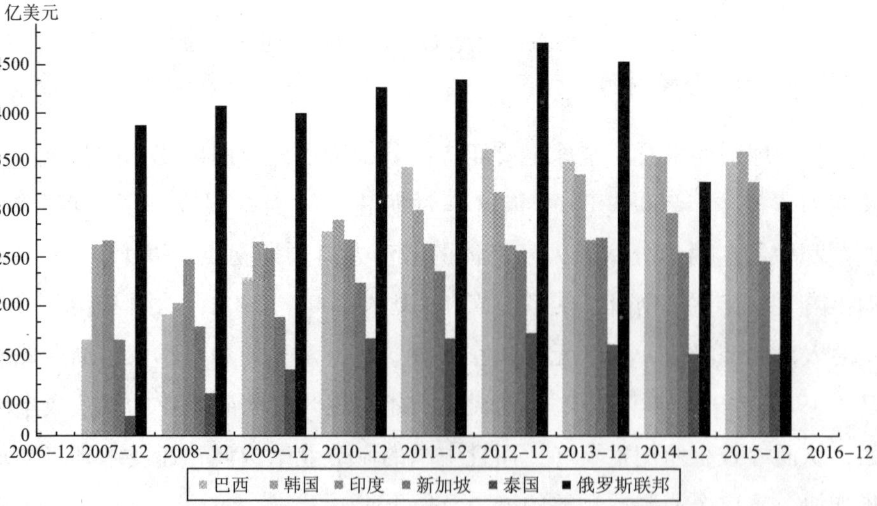

图 1-4　商品出口和资源出口受到结构再平衡影响

资料来源：IMF。

事实上，这种“结构再平衡”已经开始显露，全球外汇储备增长趋势放缓甚至“见顶”。除中国之外，与2012年的较高水平相比，2015年，俄罗斯官方储备资产减少1642亿美元；巴西减少132亿美元；泰国外汇储备资产减少218亿美元；新加坡国际储备资产减少111亿美元。2015年全球新兴市场净资本流入更是由正转负，为20多年来首次。

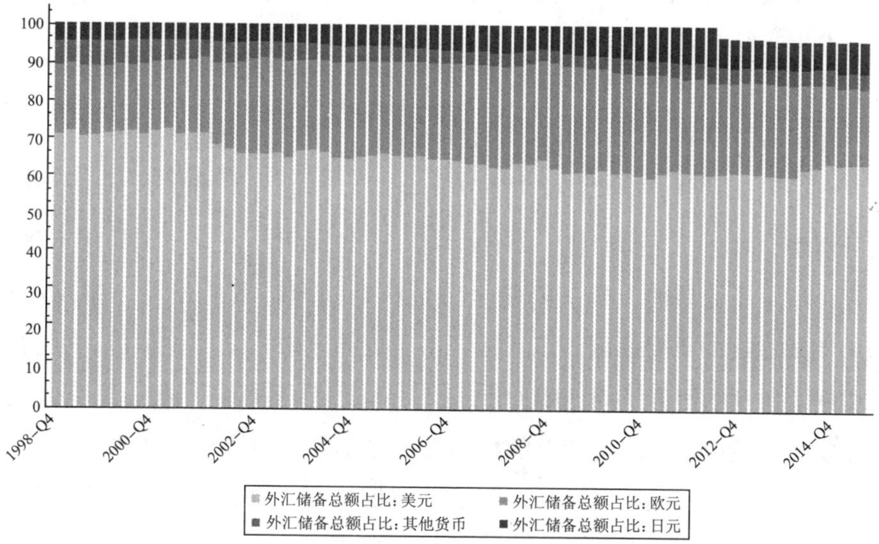

图1－5　全球外汇储备资产构成变化

资料来源：IMF Currency Composition of Official Foreign Exchange Reserves（COFER）。

IMF世界经济展望数据也显示，全球50%以上的资本仍然输入到美国、英国等国家，美国的稳固复苏吸引了大量全球资本购买美元资产，2015年美国资本净输入规模估计达到4600亿美元，同比增长18.3%，增速比上年增加了14.8%，占全球资本输入总额的38%。

三、全球价值链的负面影响冲击不容小觑

全球价值链、产业链和供应链对国际生产、国际贸易和国际投资产生了深远的影响，让全球市场依存度日益加深，然而不可否认的是，如果缺

乏对全球价值链的有效治理，就会给国家经济和产业安全带来一些新的挑战。

第一，全球价值链加强了全球经济的协同，放大和加快了冲击的国际传导，放大了全球贸易增长或下降的波动风险。原因是链条上产品的不同生产环节位于不同国家，造成中间贸易品跨境贸易频繁，从而贸易量受冲击的程度被放大；同时全球供应链高度复杂，各环节联系精密，其中某一环节发生问题，就会通过结构效应和供应链效应很快传递到整个贸易生产链条。

结构效应针对全球价值链上对外部收入变动更为敏感的特定产业和地区，如耐用品部门和东亚地区。当危机来临时，消费者通常先大幅削减耐用品消费，对必需品的消费下降较少。2008 年耐用品占全球贸易比重接近 40%，耐用品贸易的大幅下降是金融危机期间全球贸易量萎缩幅度超过 GDP 萎缩幅度的重要原因。东亚地区由于更深地融入全球价值链，变得更易受到美国和欧盟经济周期的冲击。

供应链效应指全球价值链的内部特征会加快或放大商业周期的冲击程度。如链条上中间品跨境贸易对系统性贸易冲击的敏感度显著上升；供应链上的任意节点因商业周期冲击而进行的存货调整，会沿着供应链快速传导，存货在相应企业生产中的地位很可能会放大商业周期的冲击程度。

第二，全球价值链放大了中间品进口比例高的企业受关税影响的风险。这是因为全球生产链的延伸拉长使中间进口品多次穿越国境，每次小额关税的积累终将拉高出口企业实际承担的关税负担。OECD 关于全球价值链的贸易政策报告显示，2009 年中国制造业总出口关税只有 4%，但换算成出口国内增加值所负担的关税时（即中国出口商实际负担的有效关税），则升高到了 17%，高于美国、欧盟、日本、越南等国。

第三，参与全球价值链的跟随企业可能会面临“低端锁定”风险，并引发社会、环境、劳工条件、职业安全与健康、就业保障等诸多问题。面对全球化分工体系的不合理性，提高我国利用外资的层次，须从根本上扭转我国处于全球价值链纵向分工体系中的不利地位。近几十年来，世界范围内所呈现的市场日趋碎片化，形成了全球价值链纵向分工体系。处于全球价值链上端的终极采购商和品牌商，凭借其对核心技术、关键技术、技术标准和品牌等的掌控，通过全球布局供应链，将价值链下端中间产品的生产转移到他国，不仅缓解了本国的资源环境压力，并从中获取了高额垄断利润，而且通过合同关系牢牢控制着全球供应商。

总而言之，全球价值链给国际贸易带来的风险源包括：经济风险（如需求冲击、大宗商品价格剧烈波动、全球能源短缺、关税波动、劳动短缺、边境延误、所有权或投资限制、汇率波动）；环境风险（如自然灾害、极端天气和疾病传染）；地缘政治风险（如冲突与政治紧张、进出口限制、恐怖主义、腐败、非法贸易与有组织犯罪、海盗）；技术风险（如信息通信阻断、交通基础设施故障）等。

四、全球新一轮贸易壁垒与 RTA 贸易转移效应

近年来，全球中间产品贸易对世界各经济体的重要性显著增加，占整个服务贸易的 70%，整个货物贸易的 2/3。然而，目前的国际贸易规则仍以最终产品为对象，对以中间品贸易为特征的价值链贸易形成了较大的不兼容性。据联合国贸易与发展会议（UNCTAD）统计，全球已形成 400 多个 RTA（区域自贸协定），这种类似于“意大利面碗”的 RTA 不仅增加了商品贸易跨国流通的复杂性，而且其逆全球化的“竞争性区域集团”的形成，也导致大量的贸易转移，割裂了全球价值链的分工与合作。例如，被称为“21 世纪高标准自由贸易协定”的 TPP 明确强调“原产地规则”。原产地规则明确指出，其制定的目的是“促进区域供应链、确保缔约方而不是非缔约方成为协定的生产者”，即在某一缔约方生产。这些规定促进了成员间的生产和供应链整合，但却在很大程度上割裂了与非成员国之间的经贸联系，抵消了由于区域贸易协定带来的“额外收益”。

另一方面，较高的贸易摩擦成本和贸易投资保护主义对全球价值链贸易造成极大的损害。在全球价值链下，中间产品贸易壁垒会产生累积效应

和放大效应，显著提高贸易保护成本。中间产品要进行多次跨境交易，即使这些关税和非关税措施水平很低，保护程度也会被多次累积，进而严重影响最终产品的成本与价格。因此，必须进一步降低平均关税水平，削减关税峰值和最高关税，鼓励部门贸易自由化（零关税），抑制关税升级，取消进出口中的配额和其他数量限制。

近年来，全球贸易投资保护主义趋势增强。根据 Global Trade Alert 的统计数据显示，2010 年以来，发达国家实施贸易保护措施（包括反倾销条例、原产地规则、进口配额制、出口配额制、进口许可证制、进口押金制、外汇管制、最低限价制和更严格的技术、卫生、检验标准等多种形式）数量激增，特别是美国，2015 年实施贸易保护措施 624 项，为 2009 年的 9 倍。特别需要指出的是，采取贸易保护主义最多的前 10 位国家均为 G20 成员国。2015 年由 G20 国家发起的贸易保护措施数量为 599 项，占到总量的 81%。其中，2015 年美国采取了 90 项贸易歧视措施，位居各国之首，成为限制贸易自由化的头号国家。

因此，这也是为何 2016 年 G20 杭州峰会把实施全球贸易增长战略，加快促进《贸易便利化协定》(TFA) 的尽快实施，以及降低全球贸易成本置于核心议题的一个重要原因。面对全球价值链重构与全球结构再平衡带来的重大挑战，以及越来越复杂的新变化，为降低各国贸易保护措施，G20 下一步还应试图建立监测贸易保护措施的指标，对全球贸易保护程度进行量化和预警，加快推进全球价值链伙伴关系与保障计划的实施，为重建搭建有序、包容的全球贸易治理而付出更多的努力。

五、特朗普时代 TPP 等协定很可能“以退为进”

当前，美国大选已经尘埃落定，特朗普作为候任美国总统的第一个重磅炸弹无异于宣布退出 TPP，并在全球范围内产生了一系列的连锁反应，包括日本、澳大利亚、马来西亚纷纷表示，失去美国的 TPP 已经没有了实际意义。TPP 是否已经宣告死亡，未来美国的对外经济政策又将走向何方的确是影响世界经济变局最为关键的变量之一。

毋庸置疑，当前，全球贸易格局正处于前所未有的新的调整时期，在这个过程中发生的冲突与博弈正是这一变化的突出表现。根本而言，商品、资本和人员的自由流动是全球化繁荣的基础，一切阻碍这种要素自由流动的无异于是对全球化的巨大挑战。因此，这也是在竞选时宣扬的修筑边墙、撕毁贸易条约、大幅提高关税，高举贸易保护主义大旗的特朗普上台被认为是给全球带来的风险所在。

根据美国商务部认可的数据，约 4100 万个就业岗位与贸易直接或间接有关，占就业总人数超四分之一。其中出口制造业提供了 600 万个就业岗位，约占美国全部制造业岗位的一半。此外，出口相关企业除提供了约 1150 万个就业岗位外，其职工工资也比同类的非出口企业高出约 18%。在这种保守思潮影响下，比较具有代表性的观点是：（1）将美国制造业就业的大量流失和薪资降低归咎于中国等新兴国家的廉价商品上；（2）底特律、费城、纽约和葛底斯堡等地演讲时多次提到反对北美自由贸易协定，退出 2016 年 2 月美国与其他亚太国家签署的跨太平洋伙伴关系协定（TPP），并就北美自由贸易协定重新展开谈判；（3）应该对所有进口货物施加 20% 关税，特别对中国和墨西哥征收 45% 关税，以将刺激美国制造业回归。

事实上，高调宣布退出 TPP，不代表特朗普时代的美国会回到 WTO 框架内解决问题。本质而言，作为有可能成为历史上最大的地区贸易协议，TPP 之于美国的意义在于如何在亚太地区展示领导地位，以及如何在未来全球贸易规则体系中确立新的主导权。因此，即便是持有极度保守主义思想的特朗普也不会轻易放弃对亚太乃至全球的领导权。

TPP 未来走向到底如何仍是个未知命题，或许改头换面，或许另起炉灶。正如特朗普所强调的，“关于贸易，我将签发一项通告撤出 TPP，取而代之的是，我将谈判一些公平的双边贸易协定，把就业岗位和产业重新拉回美国本土”。特别是特朗普认定美国在新的贸易协定中承担了不公平的责任。目前美国 70% 的进口产品都已免征关税，所有进口产品加权平均的税率仅有1.4%，而美国出口面临的加权平均税率高达6.8%，这被认为主要是美国的许多贸易伙伴却维持着“不对等”关税。

可见，特朗普真正的贸易政策方向在于，在当前的贸易框架下为美国进一步争取“更好”的贸易条款，降低美国出口行业在贸易伙伴所面临的高额关税，使美国出口行业更加具有竞争力，这就意味着未来无论TPP的走向如何，可以肯定的是全球贸易保护主义可能进入加快发展期，而未来美国不排除在追求本土利益最大化的情况下以特朗普重新定义的方式实施另一种形式的区域贸易协定，或是寻求双边协定的方式，这将使得在特朗普标榜“美国优先”贸易保护主义影响下可能在全球贸易萎缩的当下，导致全球经济衰退的进一步恶化。

第二章

全球价值链：全球经济与贸易治理的国际新议程

近年来，特别是2008年国际金融危机之后，“全球价值链与增加值贸易”迅速成为全球贸易、投资、价值链以及分工领域的研究热点。世界贸易组织（WTO）、经济合作与发展组织（OECD）、联合国贸易与发展会议（UNCTAD）等多个国际机构以及各国研究机构和学者都对全球价值链增加值贸易核算进行了广泛而深入的探讨和研究。作为全球价值链的重要参与者和推动者，中国也首次将改革国际贸易统计体系纳入了APEC合作议程，并在2014年11月APEC领导人峰会上通过了《APEC促进全球价值链发展合作战略蓝图》《亚太经合组织贸易增加值核算战略框架》等纲领性文件，为下一步全球价值链合作发挥了引领作用。

一、全球价值链与增加值贸易的发展

全球价值链是全球经济循环中最为关键的链条之一，随着全球生产网络以及新一轮产业革命与新一代信息技术革命的推动，全球价值链（Global Value Chain，GVC）正在成为世界经济的一个显著特征。东亚以及亚太地区的区域一体化进程不断加快，APEC成员间的关系日益密切，东盟一体化、RCEP、中韩FTA、中日韩FTA、“跨太平洋伙伴关系协议（TPP）”等区域贸易协定不断推进。在这种区域性生产和服务网络不断深化的背景下，各国均做出各种改革试图通过加强区域合作来融入产业价值链中，全球价值链将进入一轮深度整合期。

全球价值链的快速发展改变了世界经济格局，也改变了国家间的贸易、投资和生产联系。全球价值链这一新体系归结起来有三个显著特征：一是最终产品经过两个或两个以上连续阶段的生产；二是两个或两个以上的国家参与生产过程并在不同阶段实现价值增值；三是至少有一个国家在生产过程中使用进口投入品，因此产生了大量的中间品贸易和增加值贸易。中间产品跨境流动在全球贸易中占主导，由于全球价值链的发展使得不同生产环节和阶段被分布在不同的国家和地区，因此，在完成最终产品和服务提供之前，这些“中间环节和阶段”需要通过多次跨境流动，在内容上必然表现为中间产品跨境流动的迅猛发展。这与传统国际分工和贸易形式下跨境流动的“内容”是截然不同的。换言之，在以最终产品为界限的传统分工和贸易形式下，跨境流动的主要内容是最终产品；而在全球价值链分工和贸易模式下，跨境流动的主要内容则变为“中间品”。

根据联合国商品贸易数据库（UN Comtrade）统计数据测算，1995 年以来，全球中间产品出口额占全球总出口额的比重一直在 50% 以上，2013 年更是高达 69.32%。由此可见，中间品贸易在全球贸易中已经占据了绝对主导地位，这一国际经济的新特征正是全球价值链深入演进所呈现的必然逻辑。近十多年来，全球价值链的兴起和发展极大地改变了全球商品和服务生产的组织形式。据统计，世界货物出口量平均增长速度，1913—1938 年仅为 0.7%，1948—1990 年为 6% 以上，1990—1997 年为 6.7%；世界出口值占世界 GDP 比重，20 世纪 50 年代初仅为 5%，70 年代初为 10%，90 年代初达到 15%，1995 年升至 20%，1980—2011 年世界货物贸易额平均增长 7%，2014 年超过 38 万亿美元。联合国《2013 年世界投资报告》提出，附加值贸易对发展中国家 GDP 的平均贡献率几乎达到 30%，对发达国家的平均贡献率为 18%。OECD 统计进一步显示，通过国际投资产生的跨境联系的价值在过去的 20 年中翻了一番，全球 FDI 存量占全球 GDP 比重从 20 世纪 90 年代的不足 10% 上升到 2011 年的 31%，这一趋势仍将持续下去。

新兴经济体和发展中国家增加值贸易份额逐年提高，与全球价值链结构变动密不可分，这是其不断深入参与价值链并转型升级的结果。联合国《2013 年世界投资报告》提出，全球价值链分工对世界经济新兴发展有显著贡献，附加值贸易对新兴发展中国家 GDP 的平均贡献率几乎达到 30%，对发达国家的平均贡献率为 18%。从全球价值链分工与发展最快的亚太地区看，20 世纪 80 年代中期以来，亚太区域内贸易的增长速度几乎是世界贸易的 2 倍，而且远远超过了北美自由贸易区（NAFTA）和欧盟（EU）区域内贸易的增长速度。亚太价值链（尤其是东亚价值链）是全球贸易循环中最为关键的链条之一，也是全球增长最重要的驱动力。

二、主要国际组织对全球价值链的研究成果

联合国工发组织作为研究全球价值链的先导者之一，对全球产业格局演变的规律和趋势做过深度分析。联合国工发组织认为，全球价值链重在“全球性”，既是指全球性的跨越企业界限的网络组织，也是产品和服务的生产、销售、消费，直至产品和服务的生命周期终止过程，以及在此过程中实现的价值和增值，更是通过产品和服务流程的自动化和链条上各个利益关系方（如供应商、合作伙伴、客户等）的互动，实现产品和服务的价值分配。

2010 年，世贸组织与法国参议院金融委员会联合举办全球价值链国际研讨会。此后，世贸组织、联合国贸发会议、经合组织、亚洲开发银行等国际和区域性组织，以及荷兰格罗尼根大学、日本亚洲经济研究所、英国埃塞克斯大学企业发展研究所、美国杜克大学等学术机构对全球价值链现象进行了探讨。2011 年，世贸组织发起“世界制造倡议”（MIWI），时任总干事拉米倡导从全球价值链的角度改进国际贸易统计方法。由于贸易增加值隐含在按传统方法衡量的贸易总流量中，通过贸易增加值核算可以反映国际贸易的真实运行情况，为宏观经济政策制定与调整提供依据。

联合国贸发会议（UNCTAD）关注贸易、投资与发展问题，对千年发展目标及 2015 年后的发展目标予以支持。联合国贸发会议关于全球价值链的研究成果主要体现在《世界投资报告（2013）》。同时，联合国贸发会议与悉尼大学共同建设了全球价值链数据库（UNCTAD－EORA），该数据库覆盖全球 187 个国家，500 多个产业活动，其优势是涵盖国家众多，且与产业关联，实现了全球价值链在宏观层面与微观层面的结合。联合国贸发

会议是投入较大精力关注跨国公司的国际组织，认为跨国公司是全球价值链的主角，跨国公司主导的生产、投资和贸易活动支撑了大部分全球价值链，占80%。

国际货币基金组织（IMF）以全球价值链为视角深入研究基于全球贸易增加值的有效汇率测算。例如，结合全球价值链的影响，受国际金融危机的启发，IMF经济学家Rudolfs Bems等从商品和服务的权重转向了贸易增加值的权重，对传统实际有效汇率（REERs）进行改进，构建了贸易增加值实际有效汇率的理论框架，其优势在于能够将基于增加值的有效汇率与传统有效汇率的形式协同，只是在贸易权重选取方面有所区别，即考虑中间品贸易，而且产品有国内要素和国外要素生产。Bem的论文和研究方法被广为引用，成为实际有效汇率研究的经典文献之一。Bems的研究贡献在于，将研究者的目光从产品的国际竞争力转向了生产要素或者增加值的国际竞争力，从而真实反映了全球价值链不断发展下的国际分工格局。

此外，IMF学者和经济学家也从全球价值链的视角剖析国际金融危机。国际货币基金组织（IMF）经济学家Rudolfs Bems从金融学的视角研究全球价值链，他认为，发端于2008年的国际金融危机，具有很强的传染效应。传染渠道不仅体现在华尔街等金融领域，也体现在国际贸易、生产链、供应链和价值链领域。在全球价值链时代，金融危机的传播速度更快，因为国际贸易产品跨境生产是相互依存的。全球价值链与经济全球化的深入发展将世界各国经济更紧密地联系在一起，经济危机使人们更加深刻地认识到了价值链对危机传导的作用。这种传导过程导致全球贸易及监管环境变幻莫测，并进一步影响到实体经济中的生产、交易、就业、投资及创新等环节。即使是许多发达国家的政府和国际组织，在解决高失业率和应对经济危机时也同样束手无策，这暴露了许多曾支撑全球经济及贸易的理论、统计框架、监管体系与监管方式的缺陷。

三、全球价值链已经成为全球经济治理的核心议题

随着全球价值链的深入研究和成果展示，各国决策当局和国际机构也

逐步把全球价值链理念引入政策领域，希望借此推动世界经济增长和贸易投资发展，至此全球价值链也成为全球治理和经济增长的政策性议题。

2012 年 4 月，墨西哥作为会议主席国主持召开二十国集团（G20）首次经贸部长会议。全球价值链是会议的主要议题之一。经合组织秘书长古里亚代表 G20 成员政府表达了对全球价值链的理解。他说，讨论全球价值链就是用更好的方式来实现世界经济增长目标，其政策含义包括减少中间品的关税，重新认识双边贸易不平衡，强调服务在制造业中的重要性，各国比以往任何时候都更加一体化，大家有共同利益和互利的开放市场。

2013 年 5 月，G20 主席国俄罗斯与经合组织在巴黎召开全球价值链盘点会。G20 经贸部长或者代表出席了会议。会议认为，世界经济结构改革提高了贸易开放度，发达国家平均工业关税不足 5%，新兴市场国家的人均 GDP 大幅增长，实现了大规模的减少贫困。另一个主要的结构变化是区域和全球价值链的出现。各国更好地了解了全球价值链及其贸易政策影响动态。贸易政策是必要的，但还不足以政策工具绘制从全球价值链的包容性为就业和收入增长带来的好处。会议讨论了改善营商环境、基础设施和创新投资可以有助于吸引全球价值链，促贸援助政策也能发挥作用，特别是帮助最不发达国家融入全球价值链。

2014 年 7 月，G20 第二次经贸部长会议在澳大利亚悉尼召开。经贸部长们专门就全球价值链举行了午餐圆桌会，会议由澳大利亚贸易部部长罗布主持。会上，经合组织、世贸组织和世界银行联合提交了一份《全球价值链：挑战、机遇和政策含义》的研究报告。会议认为，融入全球价值链决定贸易和外国直接投资的模式以及增长机会。在互联互通的世界经济里，应排除政策抑制因素，如各种形式的贸易和投资限制的风险，通过加强教育提升技能，提高企业参与全球价值链的能力。主要政策要点包括三个方面：

一是强调全球价值链对贸易、就业、经济增长和社会发展的推动作用。目前，70% 以上的世界贸易为中间品或服务贸易。过去 15 年，与全球价值链相关的贸易带来了收入的翻倍增长，其中中国增长 6 倍。全球价值链带来了专业化生产，提高了劳动生产率，有利于多边贸易体系，也有助于实现 G20 未来 5 年经济整体增长 2% 的目标。

二是企图将全球价值链与非关税壁垒、服务业开放、边境后措施等议题挂钩。这是一个重要的新动向。许多发达成员从全球价值链的视角，要求以服务贸易限制性指数提高服务业透明度、扩大单一窗口范围、进行国内规制改革，减少供应链壁垒等，意在寻求新的理论根据，要求发展中成员承担更多的贸易便利化责任。

三是提出全球价值链应推动发展中成员经济发展。一些发展中成员认为，应为中小企业提供参与全球价值链的机会，发掘全球价值链的示范案例和经验，推动贸易援助、基础设施和能力建设。全球价值链向当地产业、地区分布和延伸，为个别发展中成员建设区域价值链中心提供了机遇。

2014 年 11 月，作为全球生产链的重要参与者，我国首次将改革国际贸易统计体系纳入了 APEC 合作议程，并在 APEC 领导人峰会上通过了《亚太经合组织促进全球价值链发展合作战略蓝图》等纲领性文件，为下一步工作发挥了引领和指导作用。亚太经合组织（APEC）第 22 次领导人非正式会议通过了《北京纲领：构建融合、创新、互联的亚太宣言》。其中包括《亚太经合组织促进全球价值链发展合作战略蓝图》（宣言附件二），主要内容是：（1）亚太经合组织全球价值链数据统计合作。（2）服务贸易在全球价值链中的关键作用。（3）影响全球价值链发展的贸易投资壁垒。（4）改善投资环境。（5）中小企业从全球价值链中获益。（6）发展中经济体更好地参与全球价值链。（7）增强全球价值链的韧性。（8）采取有效的贸易便利化措施。（9）鼓励公私合作促进全球价值链发展。（10）加强与其他利益相关方关于全球价值链的合作。这 10 项促进全球价值链发展合作的政策措施，由 APEC 成员分别牵头负责推进。

2015 年 2 月，G20 主席国土耳其在会议议程中继续给予全球价值链优先地位，认为应特别重视整合中小企业进入全球价值链，因为参与全球价值链和提高人均国内生产总值之间具有很强的相关性。

2016 年 9 月，G20 杭州峰会更是将优化全球投资规则，构建包容性的全球价值链作为重要的核心议题之一，重申在当今全球贸易中维护以世贸组织为核心、以规则为基础、透明、非歧视、开放和包容的多边贸易体制。核准了《二十国集团全球贸易增长战略》，并据此在降低贸易成本、促进贸易和投资政策协调、推动服务贸易、加强贸易融资、促进电子商务发展，以及处理贸易和发展问题方面做出表率，并积极推进世贸组织发布全球贸易景气指数，作为指导全球贸易的关键指标。

因此，随着全球价值链实践与研究的不断深入，当前国际上对全球价值链议题的重点正在发生显著变化。最主要的变化是，从对贸易增加值的核算研究转到与全球价值链相关的新一代贸易投资政策应用，并延伸至投资、创新、劳工技能、环保等边境后政策领域，主要集中于以下六大方面。

第一，面向新一代贸易政策。特别是如何在全球各国间推动进一步降低中间品税率、如何消除非关税壁垒。例如，WTO 在贸易数据之外重点关注的，首先集中在关税、非关税壁垒等领域，《信息技术协定》扩围谈判就是其中的一个实践。欧盟已将与全球价值链相关的贸易政策应用在自贸区谈判方面。

第二，面向下一代投资政策。许多研究机构认为，全球价值链合作水平的提升将进一步带动全球跨国投资，而全球跨国投资的发展又将进一步提升全球价值链合作水平。未来十年，发展中国家跨国公司将进一步崛起，从而对全球投资产生更深远的影响。为此，UNCTAD 准备在贸易增加值核算的基础上研发新一代投资政策框架，建立能够促进跨国投资可持续增长的投资争端解决机制，为投资法、双边投资协定、自贸区构建模板。OECD 则提出要将企业异质性加入全球价值链分析，区分出能够带来高质量工作岗位、高附加值收入的外资企业，用于指导一国引资政策的制定。

第三，现代产业政策。OECD 认为，与全球价值链相关的产业政策消除产业准入壁垒。政府制定产业政策时如何做到政策目标明确、易于评估、企业与政府分担风险、设立政策退出机制、制定政策时为未来竞争者留有空间，同样需要各国认真研究。

第四，激励创新政策。OECD 等国际组织普遍认为，创新对于一国提升自己在全球价值链中的位置至关重要。特别是知识资本（Knowledge Based Capital）与创新紧密相关，对于价值链的提升将发挥越来越重要的作用。如何从知识产权保护、新一代信息技术、技能与培训以及研发等方面，研究制定有利于提升创新水平的政策，成为研究的重要课题。

第五，劳工技能政策。在全球价值链提升过程中，科技的作用固然重要，但由于价值链攀升与劳动者技能的相互影响，劳动者技能熟练程度对价值链攀升的影响也不容小视。因此，如何研究区分出全球价值链中高技能、低技能的分布环节，制定有利于不同技能水平发展的政策，越来越引起各国的高度重视。

第六，综合性政策。全球价值链研究已经超越了贸易增加值数据和价值链本身，价值链背后的支撑因素进入研究视野，前面提到的创新、劳工技能水平、基础设施建设、跨国企业社会责任标准、环保等，影响到一国在全球价值链的位置。全球价值链将不同地区、行业、部门深度连接，政策要通盘考虑贸易政策和非贸易政策（产业政策、创新政策等）的平衡。

第三章

全球价值链发展的趋势特征及对国际贸易规则的挑战

近年来，随着全球生产网络以及新一轮产业技术革命的大力推动，全球价值链已成为世界经济大循环中的一个显著特征。为建立更有效的全球贸易政策和管理体制，深入理解并切实支持为跨境产品带来增加值的“贸易环节”至关重要。因此，着力促进 G20 乃至全球各经济体内部及彼此之间高效、顺畅的全球价值链连接，构建包容增长型的全球价值链是推动全球经济贸易新一轮繁荣增长的关键。

一、全球价值链发展现状、趋势特征与前景展望

随着经济全球化进程的推进，越来越多的国家参与到全球价值链之中。近几年，特别是 2008 年国际金融危机之后，“全球价值链与增加值贸易”迅速成为全球贸易、投资、价值链以及分工领域的研究热点。由于当前的全球贸易统计框架并不能真实反映各国的贸易量、贸易额和实际贸易所得，传统以贸易总额为基础的全值统计方法既不能揭示出各国之间错综复杂的价值链分工（如中间品贸易），也造成了大量的“重复核算”问题。因此，一种能够真实反映全球贸易运行和贸易秩序的全新核算方法——贸易增加值（Trade in Value Added）统计正在越来越受到关注。在世界贸易组织的推动下，近一时期主要权威国际机构，如日本 IDE—JETRO、OECD 以及联合国贸发会议（UNCTAD）、WTO 等都发布了相关研究报告。贸易增加值核算方法不仅能够衡量贸易当中各国的增加值贡献，也将会对全球的产业格局变化和中国产业升级战略产生深刻而长远的影响。总体看来，当前全球价值链发展呈现出以下主要特征：

1. 跨国公司是全球价值链的主导者和有效治理者

近年来，由于海外业务的不断拓展，跨国公司通过供应链网络和服务

外包等多样化渠道来推进全球化生产，从而优化全球资源配置，实现产业的全球布局。在此背景下，跨国公司在全球对增值链进行成本最低化的配置推动了经济全球化和全球价值链的深入发展，并进一步也成了全球价值链的主导者。据联合国贸发会议数据显示，跨国公司主导的全球价值链占全球贸易的80%，2011 年全球 100 家最大跨国公司的海外销售收入和雇员人数的增速都明显高于母公司的业绩增长。

随着全球价值链向纵深方向发展，全球价值链的拆分和外包程度不断提高，跨国公司对全球价值链的掌控与治理能力变得越来越重要，成为其维持核心竞争力、占领国际竞争制高点的重要途径。跨国公司利用其对价值链的主导地位，对价值链的各个环节进行深度分解和全球资源的不断战略组合，成为全球价值链的有效治理者。而在发达国家跨国公司主导全球价值链，掌控全球市场和资源，获得大多数贸易增加值利益的同时，广大发展中国家却承担了环境污染等全球化的负面效应，有陷入跟随式发展陷阱的风险。

2. 国际贸易投资是推动全球价值链不断拓展的主渠道

国际贸易和投资是全球价值链的主要构建根基和拓展渠道，外包和离岸生产是全球价值链形成的主要外在形式，国际贸易，特别是中间产品的贸易是全球价值链不断延伸的基础之一，第二次世界大战后国际贸易进入高速增长期，以两倍于世界 GDP 的速度增长。从贸易结构上看，中间产品的贸易作用不断上升，中间品跨境贸易与重复流转是全球价值链形成与发展的核心要素，联合国贸发会（UNCTAD，2013）报告显示，全球出口中约有 28% 是进口国仅仅为了将其作为生产某种出口商品或服务的中间产品而进口，在参与全球价值链的货物贸易中。根据 UN Comtrade 统计数据测算，自 1995 年以来，全球中间产品出口额占全球总出口额的比重一直在 50% 以上，2013 年更是高达 69.32%。由此可见，中间品贸易在全球贸易中已经占据了绝对主导地位，这一国际经济的新特征正是全球价值链深入演进所呈现的必然逻辑。

国际投资的迅猛发展更成为全球价值链延伸的重要动力，外国直接投资是发展中国家，包括最不发达国家参与全球价值链的重要途径。国际投资从20世纪80年代开始进入高速增长期，20世纪90年代以来跨国直接投资以两倍于国际贸易的速度增长，这是跨国公司进行外包和离岸生产的结果。OECD统计数据显示，通过国际投资产生的跨境联系的价值在过去20年中翻了一番，全球FDI存量占全球GDP比重从20世纪90年代的不足10%上升到2011年的31%，这一趋势仍将持续下去。

3. 国际贸易服务化成为全球价值链的主要特征

服务成为全球价值链的“黏合剂”。随着全球价值链的发展，服务的重要性日益提升，特别是生产性服务业，如交通、通信、金融、分销和商业服务等。服务的广泛应用使得服务成为竞争力以及资本和劳动生产率的关键决定因素。但这只是服务化的一部分，因为现在产品的生产和销售中还涉及大量的其他服务，而不论这些最终产品是货物或服务。

表3－1　服务投资在全球价值链中的作用

%

	实际出口占比	总出口中增值比重
服务部门	22	46
制造部门	71	43
原材料部门	7	11

资料来源：UNCTAD《世界投资报告》2014，UNCTAD数据库。

服务对增长和许多产业效率都具有显著的影响。服务当前代表着超过2/3的世界GDP。服务增加值占GDP的份额往往随着一国收入水平的上升而显著上升，目前高收入国家服务增加值大约占到GDP的73%（美国为77%），中等收入和低收入国家分别只有54%和47%。即使在低收入国家，服务生产依然是核心的经济活动，其对GDP的贡献超过工业和农业的总和。

不仅如此，服务已经成为任何经济的重要组成部分，据WTO统计，在经济贡献方面，服务已经占到世界产出和就业的60% ~70%，占到全球FDI流量的2/3；在生产投入方面，制造业和农业中有10% ~20%的生产成本属于服务投入成本；在供应链连接方面，生产者越发依赖于服务将其产出提供给最终消费者。

表3－2　总贸易中的部门贡献率（总额和增加值，2008）

%

	初级产品	制成品	服务
总贸易结构	12	65	23
增值贸易结构	18	37	45

资料来源：WTO基于OECD结构性数据的统计。

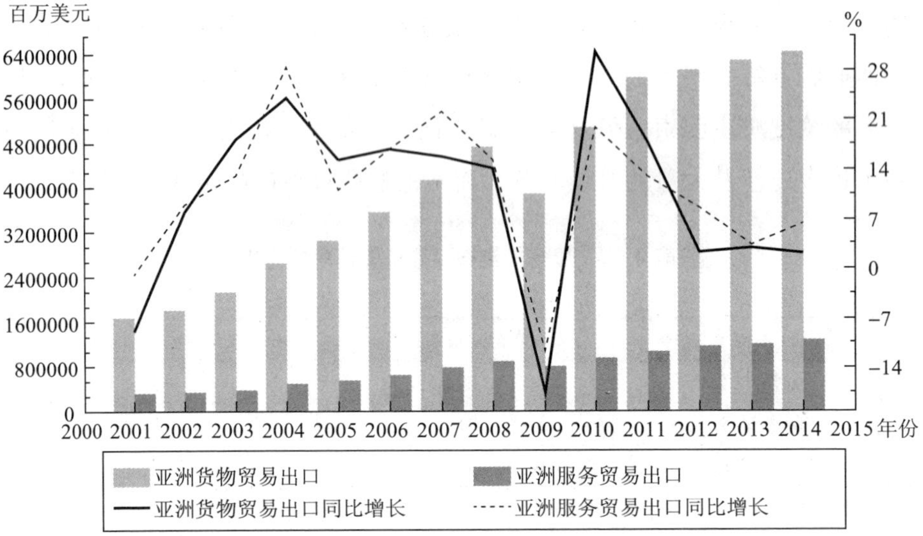

图3－1　亚洲服务贸易比货物贸易增长更为迅速

资料来源：WTO statistic database。

4. 新兴发展经济体在全球价值链中作用进一步增强

21世纪，全球各经济体相互依赖程度将进一步提高，新兴发展中经济体将更多地以海外布局的方式参与全球价值链，不断增强其在全球价值链中的作用。近年来，新兴发展中经济体通过对外贸易和吸收投资，逐步融入国际生产体系和全球分工，更通过以较低成本参与全球价值链、融入世界经济获得新兴发展的新机遇。《2014 年世界贸易报告》的数据显示，新兴发展中经济体的全球价值链参与指数从 1995 年的 40. 5 上升至 2009 年的 50. 9，发达国家则从 39. 6 上升到 47. 2。

另外，从对外投资和跨境并购的角度也能进一步反映出新兴发展中经济体参与全球价值链的程度不断加深。根据联合国贸易新兴发展会议的最新数据显示，新兴发展中经济体在全球外国直接投资流入方面保持了领先地位，2014 年，流入新兴发展中国家的外国直接投资达到历史新高，为 6810 亿美元，增长 2%，在世界上前 10 名外国直接投资接受国中，有 5 个是新兴发展中经济体，中国成为世界上最大的外国直接投资接受国。商务部发布的最新统计显示，2014 年中国对外投资规模约为 1400 亿美元，超过利用外资总规模约 200 亿美元，随着中国跃升为“净资本输出国”，企业参与全球产业链、供应链乃至价值链的重构节奏加快。

同时，新兴发展中经济体跨国公司在国外的扩张情况也达到有史以来的最高水平，在全球外国直接投资中，新兴发展中经济体创纪录地占了 35%，而 2007 年只占 13%。此外，跨境并购活动特别是服务业的跨境并购呈现出快速增长的趋势。2014 年，以净价值计，跨境并购的价值增加了 28%，达 3990 亿美元，向服务业投资的长期转变仍在继续，2012 年服务占全球外国直接投资存量的 63%，几乎是制造业占比（26%）的 2. 5 倍，是第一产业占比（7%）的 9 倍。

5. 全球价值链在空间布局上有加速扩展态势

随着全球产业分工网络以及信息技术发展的进一步深化，世界各国的技术和资本等要素可以自由流动，因而，各国的资本回报率出现趋同化。但是，全球的劳动力跨境流动却存在很多障碍，使得不同国家的劳动工资水平差异较大。为了追求更加廉价的经营成本，跨国公司把一些不具有竞争优势或者低附加值的生产环节转移到不同的国家或地区，从而产生了国家之间的水平分工或垂直分工。近年来，全球价值链环节在空间布局上呈现全球加速延展的态势。一个国家产业结构的变动会导致周边国家或地区产业结构随之发生变动，同时，周边国家产业结构的变化也影响本国的产业结构。随着经济全球化的发展，处于同一价值链或者同一区域的各个国家的产业结构相互连接并相互依存，从而形成了一个动态的跨国区域整体，出现了国际性区域产业结构的关联互动、整体性演化和国际协调性产业政策。

6. 新一轮产业革命对全球价值链方式产生重大影响

一方面，新一轮产业和工业革命引领的技术创新不断塑造出新产业，新能源、新材料、节能环保、生物医药和智能制造等新兴产业重塑了传统经济的形态，特别是金融危机之后，全球创新氛围达到历史新高，2012年，美国研发强度达到2.8%，日本为3.4%，德国为2.8%，欧洲到2020年战略目标是3%，韩国和以色列则超过4%。特别随着以“德国工业4.0”“美国工业互联”“中国制造2025”、“韩国制造革新3.0”为代表的第四次工业革命的到来，更使得全球进入了高强度研发的发展阶段。

另一方面，近些年来，由于新一代信息技术的发展，数据产品和数据交易不断冲击着WTO框架下的贸易规则，对于数据贸易应该适用货物贸易的规则还是服务贸易的规则已经难以简单地界定。全球电子商务网络正在迅速扩张，数字化发展趋势正在日益加强。在数字贸易环境下，跨境数据流动成为重要的推动因素，它对全球价值链的深化发展起到了重要作用。

7. 全球价值链发展中的各类隐性贸易壁垒出现频繁

全球价值链在各国之间能否顺畅流转主要受到各国供应链壁垒的影响。随着传统的“货物贸易”（Trade in Goods）逐渐转变为“任务贸易”（Trade in Tasks），供应链壁垒也逐渐取代货物贸易壁垒成为影响全球经济一体化更为关键的要素。供应链壁垒主要包括市场准入、边境管理、运输和通讯基础设施以及营商环境四个方面。世界经济论坛发布的一份研究报告指出，如果每个国家只改善其中两个关键的供应链壁垒，即边境管理与运输和通讯基础设施及相关服务，使运作效率提升至目前全球最高水平的50%，就能促进全球GDP增长5%，全球出口额增长15%。供应链壁垒带来的额外成本对一国吸引外资的既有比较优势将形成一种抵消效应。

事实上，当代各种形式的贸易保护主义和投资保护主义正在影响全球价值链。随着全球价值链的高速发展，各国为了获取更大的本国利益和附加价值发起的技术标准、知识产权保护等显性和隐性贸易摩擦手段更受青睐。如，技术性贸易壁垒数量越来越多，WTO范围内TBT（技术性贸易壁垒协定）和SPS（实施卫生与植物卫生措施协定）通报越来越多。数据显示，2000年TBT通报量为606件，SPS通报量为270件，到2012年TBT和SPS分别上升到2185件和1214件，分别增长2.6倍和3.5倍，两者合计从876件增加到3399件，增长2.9倍。

特别需要指出的是，新兴经济体面临全球价值链的进入壁垒。联合国报告显示，新兴发展中国家进入全球价值链面临三大主要壁垒：国内基础设施不足、贸易融资限制和标准履行。而运输、IT基础设施、供应链不稳定也是新兴发展中国家特别是最不发达国家进入全球价值链的主要障碍。领先企业和供应商也认为运输成本、交货延迟、烦琐的关税手续比关税和许可证对贸易的影响更大（WTO，2014）。2013年世界经济论坛发布报告指出，供应链壁垒可导致海关和行政手续效率低下、监管体系复杂、基础设施服务薄弱等问题。

二、全球价值链（贸易增加值）核算带来的影响及挑战

随着国际分工的不断深化，生产工序出现“分散化”和“碎片化”特征，“一国制造”演变为“多国制造”，“产品贸易”演变为“工序贸易”。传统货物贸易形态为基础的世界贸易统计体系已经不能充分反映当今“世界共同制造”特征，开发和建立新的贸易统计方法和体系已成大势所趋。

一国制造业产品包括最终产品和中间投入品，因此，一国参与制造业

全球价值链获得的全球价值链收入包括该国制造业最终产品全球价值链中的本地增加值部分，该国制造业产品作为中间投入品在世界其他国家制造业最终产品全球价值链中实现的本地增加值。

1. 增加值贸易核算强调要避免贸易壁垒的重复累加

全球价值链下的贸易成本大幅提高，应在多边层面削减关税。目前的全球贸易体系下，发达国家对制造品的进口名义关税已经很低，发展中国家的情况虽然相对复杂，但也朝着低关税水平发展。在全球价值链体系下，关税成本会比一般情况下要高，原因在于中间投入品在多次跨境交易后大大提高了累计关税。例如，下游企业对进口的投入品缴纳关税，对出口制成品还要上缴全部贸易额的关税，这就产生了对进口投入品的重复征税。OECD 的全球价值链报告显示，2009 年，中国制造品总出口负担的关税率约 4%，如果换算成国内增加值部分所负担的关税时，则高达 17%，意味着中国出口商实际负担的有效关税上升了四倍。这种效应在制造品的外国增加值比重较高时尤为明显，累计关税造成了规模较大的贸易成本。所以，在关税累加效应显著的情况下，降低关税和其他跨境成本，可以对国家（或企业）参与全球价值链产生立竿见影的促进效果。

另外，全球价值链分工体系下中间品在国家间多次流转，不仅关税壁垒，非关税措施的贸易保护效果也会被放大。当今国际贸易体系中出现了各种巧立名目的非关税措施，这些非关税措施在很多方面都影响到价值链上的生产者。尽管有些非关税措施在设立的本意上不存在保护的目的，但在实施中却造成了比关税还要高的贸易成本，所以，各经济体也要尽量避免使用各种非关税措施。

2. 增加值贸易核算需要提高贸易便利化程度

贸易便利化旨在优化货物通关措施，在加速全球贸易增长的同时，降低进出口商在进行跨境贸易时产生的贸易成本（相关研究表明，贸易便利化协定生效后，中国企业的国际贸易成本可降低 13.2%）。与贸易自由化旨在降低关税不同，贸易便利化更关注的是一系列阻碍贸易发展的非关税因素，包括烦琐的海关手续和落后的交通基础设施等。贸易便利化可以从贸易扩张、拉动就业和经济收入等方面使各国获得收益，同时也需要投入一定的成本。如果推行增加值贸易核算，必然要求提高贸易便利化的程度，只有这样才能简化海关统计程序，保障增加值贸易核算的运行。

全球价值链上多次跨境交易要求提高贸易的便利化程度。全球价值链上的投入品可能先以中间品进行跨境交易，再以最终品出口到别国。这种多次跨境交易就需要一个快速、有效的海关和港口程序使得供应链上的操作更加顺畅。在交易过程中，企业要维持精益库存，并对外部需求有迅速反应，避免中间投入品在边境受到交易的延误。那么，贸易便利化措施对于参与全球化生产网络和市场交易的企业就至关重要。贸易便利化措施可以使所有国家在进出口交易中受益，也使投入品能够顺畅地进入生产环节，深入参与体现当今国际贸易特征的全球价值链。

3. 增加值贸易核算有利于调整双边贸易失衡与贸易政策协调

全球价值链分工体系下，以产品总价值为口径的传统贸易统计已经无法真实衡量双边贸易失衡程度，因此，以传统贸易差额为依据制定贸易政策存在偏差。当然，在全球价值链分工体系下，各经济体在“生产共享”过程中实现了利益的共享和分摊，这不仅会导致带有重商主义色彩的“与邻为壑”贸易政策，更会造成“与已为壑”的后果。因为国内价值增值不仅包含在出口中还可能包含在进口中，本国中间产品和服务出口到国外后会包含在进口中回流到本国。这就导致关税、非关税壁垒以及贸易措施除了影响国外厂商还会影响国内厂商。利用增加值贸易核算来重新评估贸易利得，更有利于解释贸易失衡的结构性问题，例如，增加值贸易核算可以廓清中国在全球贸易失衡中的责任。

4. 增加值贸易核算下服务贸易的地位更加凸显

生产性服务在全球价值链中的联系作用至关重要，供应链的生产模式更能凸显服务密集型的生产方式。尤其是用增加值核算国际贸易，使得全球供应链对生产服务的依赖越发明显。长期以来，服务业就在全球经济中占有重要地位。世界银行 2012 年发布的世界发展指标显示，2010 年服务增加值占全球 GDP 比重为70%，而2000 年为68%，1990 年仅为57%。同样，服务贸易在国际贸易中的份额也不可小觑，WTO 的估计认为在国际贸易中跨境服务交易的比重占到总贸易额的1/5。用 OECD/WTO 公布的2008年一组数据进行对比，发现在增加值贸易核算下，商业服务出口占世界贸易的45%，远高于总值贸易核算下 23% 的比重。2009 年 G20 国家出口中内涵的服务贸易平均占比为42%，个别国家如美国、英国、印度、法国和欧盟已达到或超过 50%。

三、全球价值链对国际贸易投资政策与规则的影响及挑战

在全球价值链分工背景下，分工阶段分拆且全球布局，分工边界缩小至工序、生产环节层面，中间品贸易规模超过最终品贸易。这一系列变化使得贸易利益从来源、获得主体到统计测算、分配机制等方面都发生了重大变化，改变了原有贸易利益的内涵。由此，也对传统基于总量贸易框架下的贸易政策的理念与内容提出了新的挑战，对全球贸易与投资的规则框架提出了新的诉求。

全球价值链的迅速新兴发展对传统贸易政策的理念与内容提出了新的挑战，对全球贸易与投资的规则与纪律提出了新的诉求。全球价值链在各国之间能否顺畅流转主要受到各国供应链壁垒的影响。随着传统的“货物贸易”（Trade in Goods）逐渐转变为“任务贸易”（Trade in Tasks），供应链壁垒也逐渐取代货物贸易壁垒成为影响全球经济一体化更为关键的要素。供应链壁垒主要包括市场准入、边境管理、运输和通信基础设施以及营商环境四个方面。世界经济论坛发布的一份研究报告指出，如果每个国家只改善其中两个关键的供应链壁垒，即边境管理与运输和通信基础设施及相关服务，使运作效率提升至目前全球最高水平的50%，就能促进全球 GDP

增长5%，全球出口额增长15%。供应链壁垒带来的额外成本对一国吸引外资的既有比较优势将形成一种抵消效应，同样，供应链壁垒的降低也会对一国吸引外资形成新的吸引力。

过去二十余年，在WTO多边自由贸易体系和日益活跃的区域、次区域经济合作的推动下，全球关税壁垒显著下降，贸易自由化水平得到明显提高。当前，以美欧为首的发达国家推动的TPP、TTIP高标准谈判已经将谈判重点由“边界上”措施延伸至“边界后”，通过推行国企改革、知识产权保护等措施，规范区域内成员国的市场竞争环境，实则是为降低供应链壁垒、促进投资自由化做铺垫。因此，新形势下进一步深化改革开放，通过简政放权、推动服务业市场开放、改善营商环境等措施来降低供应链壁垒，是一国或地区深度融入全球价值链的基本前提。这些新挑战具体表现为：

第一，全球价值链导向的政策要求链条上的“利益相关者”。全球价值链涵盖了区域生产、贸易地理转移、贸易投资、生产性服务、与贸易投资有关的知识产权等多种领域。全球价值链使各国对经济全球化更新了观念认知。生产与贸易的融合使得国际贸易不再是零和游戏。国家之间的经贸关系由单一的竞争排斥，转变为分工合作与竞争角逐并存，成为一个链条上的利益相关者。一国对另一国在某些产品和服务贸易的限制或阻碍，会打乱整个价值链的运转，进而波及其自身利益。各国需顺应这种变化，改变过于“在意”顺差或逆差的心态，转变为以寻求国内规制政策与国际协定之间的协调和融合为主，目的在于通过结构改革促进“边界内措施”的市场化、法治化与国际化，从而消除因国内规制问题而导致的经济扭曲，为经济新兴发展提供一个更透明、公正与竞争性的商业环境以及健全的法规制度和法治体系。

第二，全球价值链导向的政策强调中间品进口贸易自由化。当前，中间品贸易对全球贸易增长已起了决定性作用。据联合国贸发会议Comtrade统计数据测算，自1995年以来，中间产品出口额占全球总出口额的比重一直在50%以上，2013年更高达69.32%。WEF（2013）的实证研究发现降低供应链壁垒能使 GDP 和贸易分别增加 5% 和 15%，而消除关税仅能使 GDP 和贸易增加 1% 和 10%。同样，OECD/WTO（2013）发现高运输成本是发展中国家提升 GVC 位置的关键障碍。

在全球价值链下，中间产品贸易壁垒会产生累积和放大效应，显著提高贸易保护成本。中间产品要进行多次跨境交易，即使这些关税和非关税措施水平很低，保护程度也会被多次累积，进而严重影响最终产品成本与价格。通过大幅度削减中间品关税和降低非关税壁垒，能有效降低下游加工制造业生产成本，提升一国在最终产品市场中的出口竞争力。这对发展中国家融入全球价值链尤为重要，由于许多发展中国家和新兴经济体的出口主要得益于 FDI 和进口中间投入，其出口产品中含有较高的国外附加值。因此，应进一步降低平均关税水平，削减关税峰值和最高关税，鼓励部门贸易自由化（零关税），抑制关税升级，取消进出口中的配额和其他数量限制，修改原产地规则中累计原则以鼓励区域价值链贸易发展。据估算 OECD 国家实施贸易便利化措施可降低 10% 的潜在贸易成本，中低收入国家大约可降低 15.5%。

第三，全球价值链导向的政策要求高效的贸易便利化。全球价值链与产业链分客观上要求削减关税与非关税壁垒（特别是对于中间产品和服务），推动贸易与投资便利化，这必然会使该领域逐渐从传统的“边境上壁垒”（on – the – border barriers）（即涉及降低关税与非关税壁垒的“第一代”贸易由化）延伸至“边境内壁垒”（behind – the – border barriers）（即涉及国内规制改的“第二代”贸易由化），同时要求“跨边境互通互联”（cross – border interconnections）。

贸易便利化措施在全球价值链中扮演着更重要的角色，它对世界贸易的促进作用要远大于在传统贸易中的作用。即使在不存在关税的情况下，运输和物流的服务质量较差、边境的低效管理以及进出口的不利监管也会对国际化生产造成负面影响，这些贸易便利化的瓶颈实质上增加了贸易的成本。贸易便利化措施对全球价值链的重要作用主要体现在：降低通关与物流费用、节省贸易的时间成本、增加透明度与可预测性。快速和高效的通关环境能够使供应链运转得更平稳，减少企业对存货的依赖以及能对世界需求的变化快速做出回应。简化边境措施能够帮助一国在全球价值链中降低贸易和经营成本，获得参与全球价值链带来的收益。可见，新的贸易政策需要规范发行出版海关法规、条例和流程，包括网络文本；实现海关改革与现代化管理，如使用海关数据自动化系统、电子支付系统；协调相关程序和跨境协作，如统一边境手续，减少来自相同海关标准地区的文本和手续；简化海关手续以符合相关协议或最佳国际实践，包括卫生和动植物检疫（SPS）、技术性贸易壁垒（TBT）以及其他认证制度、原产地规则、海关估值等，如推广“单一窗口”、简化运输手续、加快放货时间、提供预先审核等。

第四，全球价值链导向的政策要求促进服务贸易自由化，正如上文分析的，服务贸易在全球价值链中主要起到“黏合剂”作用。特别是制造业“服务化”使服务被作为中间投入进入产品的生产环节，通常发挥着协调生产的功能，有效提升了货物贸易竞争力，如通信、专业服务等。同时，服务贸易促进了供应链内资本、人员与信息流动，有效协调价值链的不同环节的联结。服务贸易自由化的主要政策措施是通过负面清单的承诺方式和根据服务贸易提供方式，进一步扩展部门与方式承诺覆盖率和深化服务贸易自由化水平。

第五，全球价值链导向的政策要求实现投资自由化与便利化。在全球价值链体系下，贸易与投资具有很强的交融性，FDI 能够显著促进一国参与全球价值链，更有利于促进技术和知识的转移和外溢。第二代贸易政策一个重要特点是在知识产权、竞争政策、环境、劳工等诸多议题上与投资问题具有交集和互补。因此，促进投资自由化和便利化，完善投资环境，对提升全球价值链出口能力具有非常重要的作用。

我们认为，在具体措施上：一是应降低投资壁垒和简化投资准入程序，给予外国投资者准入前国民待遇，减少本国对外国投资的股权和所有权限制及业绩要求，促进商业人员流动，放宽部分自然人流动限制，放宽外汇兑换和利润汇回的相关法律法规；二是应加强对外国投资的保护，调整国内关于征用、国有化法律法规；三是应为外国投资者提供有保障的争端解决机制，例如，承诺投资者—东道国争端解决机制等。

第六，全球价值链导向的贸易政策要求促进标准与规制融合。经验表明，越来越多的产品标准和认证体系的建立，给全球价值链中的上游企业带来了额外的生产和协调成本。为促进企业融入价值链，可确立统一的标准和认证要求，与其他国家签订相互认可的协议，改革本国的规范和标准以符合最佳国际惯例，通过改进自愿标准或者相关培训提升标准，支持私人部门遵守相关社会责任标准。

四、促进全球价值链合作有助于解决全球贸易低增长问题

当今世界经济贸易增长低迷，全球贸易增长乏力，对全球经济增长拉动作用大幅下降。根据世界贸易组织发布的全球贸易增长报告，1990—2007 年全球国际贸易增长 6. 9%，2008—2015 年年均增长约 3. 1%（2015 年为预测数），2015 年，全球贸易增长降为 1. 2%。远远低于 2008 年金融危机前 10 年平均贸易年增长率 6. 7% 的水平，而世界银行预测 2016 年的全球贸易增长是 6 年来最低的。

全球价值链导致贸易低迷，放大贸易波动的机制主要是通过垂直专业化生产方式（也可以说是碎片化生产方式的影响），由于产品的生产过程被分置到不同国家，在最终产品生产出来前，中间产品自然出现多次跨国流动，因而单位中包含了更多的跨境外包、出口与进口，垂直专业化就意味着出口中包含的进口，在这种生产方式下，最终产品需求增加，边际贸易倾向也随之增加，最终产品需求减少，边际贸易倾向也随之减少。

因此，扭转世界经济持续性放缓甚至衰退的根本在于在提高促进全球价值链的有效合作，提升全球经济体生产力、改进资本和技术的错配配置、扩大全球软硬件基础设施投资，提升全球价值链分工。特别是需要利用公共部门和私营部门的资本去促进生产效率的提升，比如通过基础设施、技能、创新和新技术的投入实现。

第四章

全球价值链视角下第一贸易大国再评估

商务部的统计数据显示，2013 年中国货物贸易进出口总额突破 4 万亿美元超过美国成为全球第一大贸易国，这也是中国继成为全球第二大经济体、第一大出口贸易大国、第一大制造业大国、第一大外汇储备国以及第二大进口大国之后的又一重大突破。然而，用基于全球价值链的增加值贸易核算和评估，情况就会有很大的不同。

一、全球价值链主导全球贸易格局的深层次改变

在产品的全球化生产尚未发展前，国与国之间的贸易以一般贸易为主，流出一国的商品完全由该国生产，通关统计的进出口不仅完全反映了该国的贸易总额，还能如实计算各国的贸易顺差。然而，20 世纪 90 年代以来，随着全球经济一体化的深入，各国资源在世界范围内进行优化配置，产品的生产链也被最大限度地进行细分，出口品价值由不同生产模块上的不同国家组成，这直接导致以国家为单位的传统通关统计无法正确反映全球价值链分工中的价值分配与价值流向。

10 多年来，国际分工越来越表现为相同产业不同产品之间和相同产品内不同工序、不同增值环节之间的多层次分工。国际分工的范围和领域不断扩大，逐渐由产业间分工发展为产业内分工，进而演进为以产品内分工为主的国际分工体系。以产品内分工为基础的中间投入品贸易称为产品内贸易，从而形成了“全球价值链分工”体系。“全球价值链分工”有三个显著特征：一是最终产品经过两个或两个以上连续阶段的生产；二是两个或两个以上的国家参与生产过程并在不同阶段实现价值增值；三是至少有一个国家在其生产过程中使用进口投入品。

二、传统全值贸易统计难以反映全球真实贸易状况

在全球价值链主导贸易新格局的大背景下，依据“原产地原则”进行的传统总量贸易统计至少存在两个弊端：第一，由于大量中间品贸易的存在，统计跨境总量贸易而非净增加值会产生大量重复计算；第二，由于没有反映出产品在生产环节的流动，所以双边贸易统计中包含了他国中间投入品的价值。如在“三角贸易”模式中，中国向美国的出口中就包含了大量从日本、韩国等东亚国家进口的中间投入品，这迫切需要新的国际贸易统计方法。

因此，一种能够真实反映全球贸易运行和贸易秩序的全新核算方法——贸易增加值（Trade in Value Added）统计正在越来越受到关注。由于基于全球价值链的附加值统计方法是在统计各国价值贡献的时候，扣除了传统通关统计中的折返增加值，避免了重复计算，因此能够真实地反映出各国在全球贸易中的状况（某国在相应环节为某货物增加价值称为本国附加值，各国出口货物中由上游其他国家提供的附加值则称为外国附加值）。这样，每个国家（地区）出口货物中本国附加值和外国附加值的比例就反映了该国（地区）的贸易获益率。

在国际贸易组织的大力推动和倡导下，2011 年以来主要权威国际机构纷纷发布了基于贸易增加值统计的相关研究报告，如 2011 年 WTO 和日本 IDE－JETRO 发布的《贸易模式和东亚的全球价值链：从货物贸易到任务贸易》报告、2013 年 1 月 16 日经合组织（OECD）和 WTO 推出的全球附加值贸易统计初版数据库报告、2013 年 2 月 27 日联合国贸发会议（UNCTAD）发布的《全球价值链和发展：全球经济中的投资和附加值贸易》等，引发了国际舆论的高度关注，使得人们对全球经济失衡有了重新的认识。根据 WTO 和 IDE－JETRO（2011）报告，以增加值贸易方法测算，中美贸易顺差在 2000 年、2005 年和 2008 年三个年份相比传统统计方式计算出的顺差额要缩小 20%～27%，如果考虑到加工贸易因素，则贸易失衡的程度更是会减少 40%

以上，甚至在2005年达到了53%的缩减规模，可见，全球失衡的状况并没有全值统计那么严重。

1. 全球大约有5万亿美元被重复计算

一国的出口产品中，不仅包括国内增加值，也包括国外增加值。国内增加值指一国的出口产品中所包含的本国增加值，这部分增加值由本国生产出口至其他国家或者被折返回本国。UNCTAD（2013）报告显示，全球出口中约有28%是进口国仅仅为了将其作为生产某种出口商品或服务的中间产品而进口，在2010年19万亿美元的全球出口中，约有5万亿美元被重复核算，而对于在全球价值链分工中以加工贸易和中间品贸易为主的贸易模式来说，这种重复计算和虚增的成分更大。

在全球价值链上，美国主要以其掌握的核心技术专业化生产高附加值部分，而中国由于长期以来高技术研发能力不足，主要以其丰裕的劳动力承接产品加工、组装等低附加值部分。这样的分工决定了中国势必会进口大量中间投入品；而美国主要是以跨国公司为主体在全球范围内进行生产和销售，表面上大多表现为中间产品的跨境出口，事实上是国内生产在世界范围内的布局和延续。

2. 中国制造业出口超过1/4的增加值非本国创造

垂直专业化分工在中国的迅猛发展始于20世纪90年代，以加工贸易持续快速增长为标志，中间品贸易占对外贸易的比重也随之大幅上升。中国加入WTO的10多年来，中间品货物贸易量的年均增速明显高于消费品和资本品。中国的中间品贸易表现在两个方面：一是使用本国的廉价资源和劳动力禀赋，生产层次较低的中间投入品再输往国外；二是从国外进口中间投入品，利用本国的劳动力禀赋对其进行加工和组装，生产成最终产品或中间品后出口到国外（即加工贸易），加工贸易已经成为中国融入全球生产网络的主导模式。

目前，中国加工贸易出口占总出口的四成左右。中国在工业制成品加工组装环节仍具有相对比较优势，是全球最大的工业品生产国和出口国，美国、欧盟等是最主要的终端消费市场。由于大量劳动密集型加工组装环节由日本、韩国、新加坡、中国台湾、中国香港等地转移至中国，这些国家和地区原来对美、欧的顺差也转移到了中国。这种转移可以通过复进口来体现，即“货物出口后再进口至该国”。

通过对中国出口加工区的考察发现，由于中国香港的物流和基础设施能力先进，产品经过中国香港运输成本低廉且节省时间。出口加工区出口产品可以享受出口退税，中间货物进口用于加工，加工后也可以享受优惠税收出口。中国是迄今世界上主要的复进口国。中国的复进口自2000年来增长已经超过12倍，复进口正在成为中国贸易的重要组成部分，中国与发达国家之间失衡的成分被严重夸大。

根据我们利用投入产出模型的测算，在出口部门中，含国外增加值比重较高的部门集中在制造业，其产品出口中国外增加值的平均比重为26.3%，即主要制造业部门的出口超过1/4的增加值非中国本国创造。如果以贸易增加值统计方法计算，中美贸易顺差将缩水36%左右，中欧贸易顺差、中印等双边贸易顺差也将大幅下降，中日贸易逆差则会进一步扩大。

3. 中国连续数年成为全球贸易保护和贸易摩擦重灾区

更为严峻的是，虚增的贸易规模非但没有给中国带来利益分配的增长，反而加剧了中国与贸易伙伴的摩擦，中美贸易摩擦尤为明显。改革开放以来，除个别年份外，海关统计的我国贸易顺差逐年扩大，从1995年的167亿美元上升到2008年的峰值2981亿美元。此后，受全球金融危机的影响，贸易顺差有所回落，中国2013年贸易顺差为2597亿美元。若以经常性账户顺差占GDP的比重作为“失衡”程度的衡量指标，根据国际货币基金组织世界经济展望数据库（World Economic Outlook，WEO，2011），中国经常性账户失衡占全球失衡的份额已从2003年的6.8%上升到2008年峰值时的24.3%，2009年为24.1%，2010年回落至19.9%，全球失衡的1/5来自中国，汇率摩擦、贸易摩擦等由此产生。截至2013年，已有22个国家和地区对中国发起了94起贸易救济调查，同比增长22%，其中反倾销58起，反补贴3起，“双反”15起，保障措施18起。中国依旧是贸易摩擦重灾区，在全球遭遇贸易摩擦的案件最多，增幅较高。

三、亚太价值链之于全球影响及其发展演变

1. 中国已越来越深度地融入全球价值链之中

自2009年起，中国已连续多年成为全球最大的货物出口国，出口总额已经占世界贸易总额的11%左右。2011年，中国贸易增加值迅速增长到15744.2亿美元，超越德国和美国，成为全球主要经济体贸易增加值最大的经济体；从贸易增加值的增速来看，1995—2011年，中国的贸易增加值年均增速最高，达到16.3%，远远高于全球7.3%的增速，成为全球价值链的最大受益者之一。

垂直专业化分工在中国的迅猛发展始于20世纪90年代，以加工贸易的持续快速增长为标志，中间品贸易占对外贸易的比重也随之大幅上升。中国加入WTO的10多年来，中间品货物贸易量的年均增速明显高于消费品和资本品。中国中间品贸易表现在两个方面：一是使用本国的廉价资源和劳动力禀赋，生产层次较低的中间投入品再输往国外；二是从国外进口中间投入品，利用本国的劳动力禀赋对其进行加工和组装，生产成最终产品或中间品后出口到国外（即加工贸易），加工贸易已经成为中国融入全球生产网络的主导模式。

也正是得益于以全球价值链为主导的新型国际分工模式，中国可以在较短时间内发展成为规模与深度兼具的制造基地，在制造业的大多数部门和生产环节都具有较强的生产能力，特别是在电子、汽车、机械等以产品内分工为主的部门，形成了较为完整的产业链和产业集群，吸引了越来越多的国际产业转移。

2. 亚太价值链是全球价值链中最重要的一环

21 世纪以来，全球经济增长繁荣要看亚太，而亚太的繁荣则更多的得益于亚太贸易的繁荣。近十年来，亚太内部的贸易依存度不断上升，由 2001 年的 15. 94% 上升到 2011 年的 25. 97%，区域各经济体对中国内地的贸易依存度在同步上升。2013 年，亚太地区 GDP 总量合计 42. 5 万亿美元，占全球 GDP 74. 9 万亿美元的 56. 8%，贸易总量约占世界贸易总量的 46%，区内贸易比重高达 67%，市场容量越来越大，这其实主要是梯度国际产业分工和价值链驱动的。

20 世纪 80 年代中期以来，亚太区域内贸易的增长速度几乎是世界贸易增长速度的 2 倍，而且远远超过了北美自由贸易区（NAFTA）和欧盟（EU）区域内贸易的增长速度。亚太价值链（尤其是东亚价值链）是全球贸易循环中最为关键的链条之一，也是全球增长最重要的驱动力。中间产品贸易的增长比最终产品贸易的增长要快得多，东亚对于这种新型国际专业化生产模式的依赖程度要远远高于其他地区。

数据显示，亚洲区内贸易额中有 60% ~65% 为中间产品贸易——在亚洲特别是东亚国际产业链中，日本、韩国等将中国作为生产链的终端，中国则需要从东亚较发达的经济体进口半成品和高技术零部件，同时从东盟进口能源、矿产等大宗物品，然后将制成品销往欧美发达国家，形成了一个完整的全球价值链循环。

从区域发展优势来看，亚太国家经济发展水平、发展阶段有很大的差异，而不少国家的产业结构和比较优势又可以形成互补，亚太经济体可以通过彼此市场的进一步对接扩大需求规模，利用垂直专业化机制实现差异化竞争和专业化发展，从而为构筑完整的价值链接创造条件，这从根本上改变了“南—南”“南—北”贸易的传统方式，正在形成一种新型的国际贸易方式。

3. 亚太价值链中“中国角色”的转变

从亚太价值链的演变历程来看，先后经历了四个阶段。

第一个阶段：亚洲（东亚地区）自20世纪60年代起，逐渐形成了以制造业转移和升级为背景，以产业间垂直分工为特征的“雁行发展模式”，以日本为“头雁”引领本地区经济保持了相当长时期的高速增长。然而，伴随着中国等新兴发展中国家积极参与全球价值链，承接产业转移而形成新的“经济引擎”，区域不同产业内和产品内分工日益复杂，使得传统赶超型经济发展模式明显缺乏技术和创新的可持续性。“雁行模式”中层次分明的分工格局，逐渐让位于以跨境直接投资、跨境生产协作和以中间产品贸易为主要形式，具有生产多样性、充满活力的货物贸易网络。

第二个阶段：自20世纪90年代起，中国在国际产业分工和生产网络中的角色日益突出，主要扮演着加工装配的角色，即从日本、韩国等工业化国家或地区进口中间品，经过加工装配后再将最终产品出口至以美国、欧盟为主的发达国家，从而形成了“稳定三角模式”。在这一全球化的新模式下，东亚成为全球垂直生产网络发展最为迅速的地区。

第三个阶段：自2003年起“日本→中国”关联愈加重要。中日两国既是生产大国，又是贸易大国，据WTO统计，2013年，中国、日本货物进出口总额分别达4.16万亿美元、1.55万亿美元，约占全球货物贸易总额的11.50%和4.11%。加上韩国，以中、日、韩为主体的东亚区域价值链随之演变为加固“三角模式”。

第四个阶段：2008年国际金融危机后，中国在全球价值链中的中心环节位置尤为突出，自2010年起，以中国为中心，东联日本、韩国、中国台湾，西联欧盟，南联澳大利亚，并通过“中国→美国”“中国→墨西哥”关联将西半球的北美连接起来的制造业全球价值链布局基本形成。

纵观亚太（东亚）价值链的快速发展历程，中国起到了关键的角色扮演作用，使区域内贸易流向发生了显著变化。东亚与中国之间贸易的重要性显著上升，中国已经成为东亚区域内贸易增长的中心，大大地改变了过去区域内的贸易流向，并逐步成为连接东亚、欧洲和北美的稳固桥梁和贸易枢纽，其突出表现出以下特征：

一是贸易流向从原来以日本为中心逐步向中国转移。数据显示，

1995—2005 年，中国成为区域内其他地区出口增长的主要目的国，几乎所有国家对日本的出口比重都下降了。这些都表明亚洲贸易流向在全球价值链分工和中国崛起的影响下已经发生了显著变化，贸易流向从原来的以日本为中心逐渐向中国转移。

二是中国取代日、韩成为欧美的主要进口来源地。东亚“三角贸易模式”的必然结果是中国取代日、韩成为欧美的主要进口来源地。数据显示，欧美从中国进口占其总进口的份额呈不断上升趋势，而从日韩进口占其总进口的份额则呈不断下降趋势。从 2002 年开始，欧美从中国进口的份额超过日本；从 2005 年开始，中国已经取代日、韩成为了欧美的主要进口来源地。

三是中国出口中由别国（地区）提供的中间品价值主要来源于亚洲国家和地区，而且比较集中，这些经济体所提供的中间品构成了中国在国际生产分工中的亚洲供应链。“入世”以来，中国出口贸易总额中亚洲国家（地区）所提供的中间品价值比重大幅提升，其中日本占比最高，其次为中国台湾、韩国、中国香港等，东亚其他地区总占比达到亚洲国家（地区）占比的一半，而来源于美、欧等发达地区提供的中间品价值却较小。由此可见，亚太价值链之于中国，以及中国之于亚太价值链都是异乎寻常的重要。

四、提升中国参与全球价值链（GVC）水平的对策建议

未来十年全球产业竞争将是价值链上的竞争，价值链竞争决定中国制造业乃至产业竞争力和未来经济的前途与命运。面对美国等发达国家的“再工业化”浪潮，以及国内传统比较优势流失等多种挑战，中国必须建立起新的竞争优势，向全球价值链上游攀升，推动贸易结构和产业结构的全面升级。

1. 积极延长国内价值链，提升加工贸易参与国际分工水平

由于我国加工贸易的零部件和原材料过度依赖进口，形成了研发和营

销“两头在外”的模式，再加上加工贸易国内价值链过短，对配套产业的带动作用不足。因此，需要进一步调整加工贸易的方式结构，加快搭建和延长国内价值链。首先，尽快提高加工贸易料件的本地化率，加快提升零部件、原材料在加工贸易中从上游生产企业向下游企业的传递速度和水平，提高加工贸易与国内原有产业的结合度；其次，参与加工贸易的企业应加强自身优势的培育，使跨国公司将更多的设计、生产、流通和服务环节放在中国，优化母子公司之间的分工关系，促使加工贸易由单纯生产向综合服务和全球运营方向转型；最后，按照“十二五规划”延长产业链，提高增值含量的要求，在促进内外资加工贸易协调发展的同时，加强加工贸易产业分类评估，明确细化禁止、限制类产业目录，建立准入退出机制，通过财税、金融、品牌认证等手段加大引导力度，积极培育核心竞争力。

2. 重视培育本土跨国公司，增强全球价值链参与度和控制力

经济全球化的本质是跨国公司的全球化，要提升对全球资源和经济的控制力，获取更大的贸易利益，就必须培育一批在全球范围内有一定竞争力的本土跨国公司。目前，我国还没有真正意义上的跨国公司，很多国内大型企业的主要业务仍集中在国内市场。因此，我们建议研究制定促进中国企业国际化中长期发展战略。深化和落实十八届三中全会提出的建立“开放型经济体制”以及“走出去”发展战略，最大限度地吸收和利用全球高级生产要素，发展和延长国内价值链，并鼓励国内企业向低产业梯度国家转移。政府除财税、金融、贸易便利化政策支持之外，还应在全球主要出口市场设立相应的贸易促进机构，为企业搭建国际贸易网络提供综合性服务平台并加强境外贸易合作区建设。

3. 着力增强零部件和装备制造业的自主研发创新能力

中国是全球最大的中间品进口国之一。在最大限度地促进零部件进口技术溢出的基础上，政府应该制定政策引导国内企业加强零部件产品的自主创新能力，一方面提升我国本土企业的零部件生产质量和工艺，走出我国核心零部件过分依赖国外的困境，突破“为出口而进口”的被动贸易模式；另一方面促进产业内分工，打造和延长国内价值链。短期内，应继续促进成套机器设备进口，加速国内陈旧设备的更新，增加国内资本积累；但从长期来看，应该提高研发经费的投入和效率，鼓励我国本土装备制造业的自主创新。

4. 进一步优化加工贸易布局，加快产业升级与梯度转移

加快加工贸易产业向中西部转移的步伐。一是国家要继续强化东部和中西部地区加工贸易发展的差别化政策，鼓励东部地区利用资金和技术优势发展高新技术产业和高端服务业，通过执行差别化税收政策和调整加工贸易商品目录，引导加工贸易向中西部地区转移。二是国家应加强资金投入，优先支持中西部地区出口加工区的建设。三是针对我国出口加工区主要集中在东部地区的现状，建议应打破地方利益和市场壁垒，建立全国统一要素市场，保障生产要素的跨区域自由流动，并且更多地赋予中西部出口加工区物流功能，建设一批保税物流园区和仓库，提升产业配套和产业集群水平，优化贸易链的区域布局。四是进一步优化利用外资的区域结构，促进中西部地区承接国际产业转移，防止东部地区对产业水平较低的中西部地区产生挤出效应。

5. 充分挖掘国内市场容量，推动全球高级要素向中国集聚

从趋势上看，中国第一波“全球化红利”将趋于结束，而第二波“全球化红利”正在展开。有别于依托低要素成本参与国际分工所获得的第一波“全球化红利”，所谓第二波“全球化红利”，就是通过庞大的内需市场，吸收国外高级生产要素，如技术、人力资本等来推动中国经济升级。总体上看，中国吸收国际资本的综合优势并未明显减弱。扩内需政策将进一步激发国内市场增长潜能，逐步提高劳动力素质和相对完备配套能力，为吸收高附加值、高技术含量外商投资创造了发展条件。

特别是创新驱动发展战略的推进和鼓励战略性新兴产业发展措施的实施为提高外资质量和水平提供了政策支撑，区域差异和多层次劳动力继续为多类型外商投资提供了广阔的空间。伴随着本土高增长的市场容量，中国正由全球跨国公司的制造中心转变为战略中心和决策中心，这带来了整个价值链的转移，吸引了全球高级要素的汇聚。此外，中国还应积极顺应全球 FTA 大浪潮，加快推进中日韩 FTA、中国—东盟 FTA 谈判，以及提前研究中美 FTA、中欧 FTA 等战略协定谈判，提升中国在全球价值链中的利益分配水平，真正推动中国由贸易大国走向贸易强国。

附图

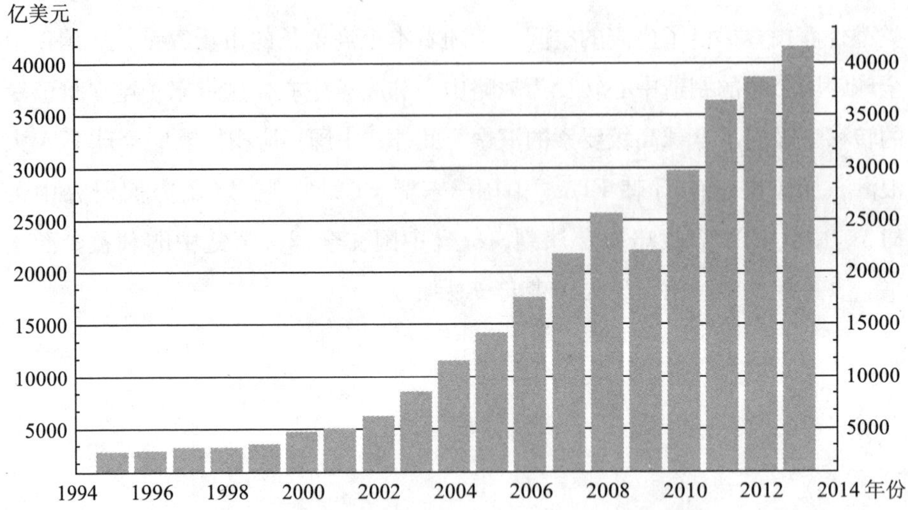

图 4－1　中国进出口货物贸易十年间增长近 15 倍成为全球第一贸易大国

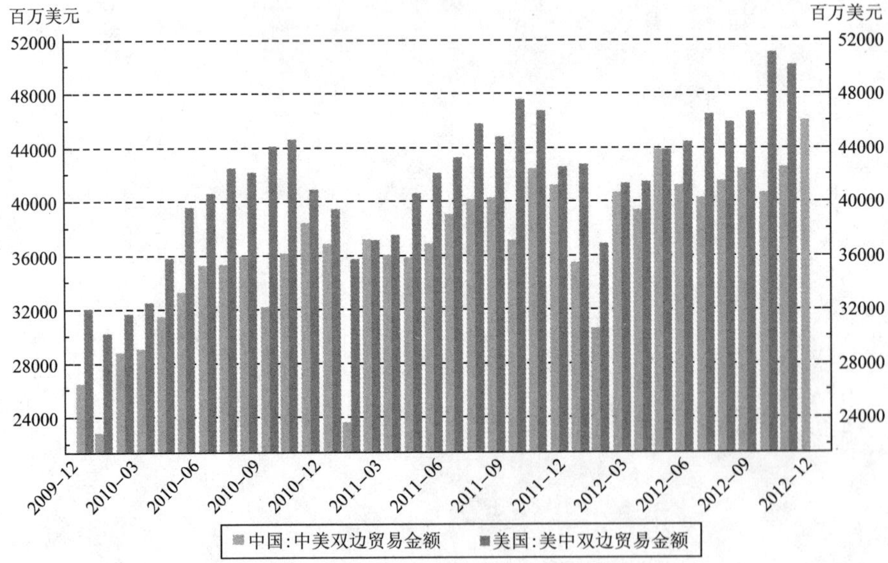

图 4－2　中美双边贸易统计比较

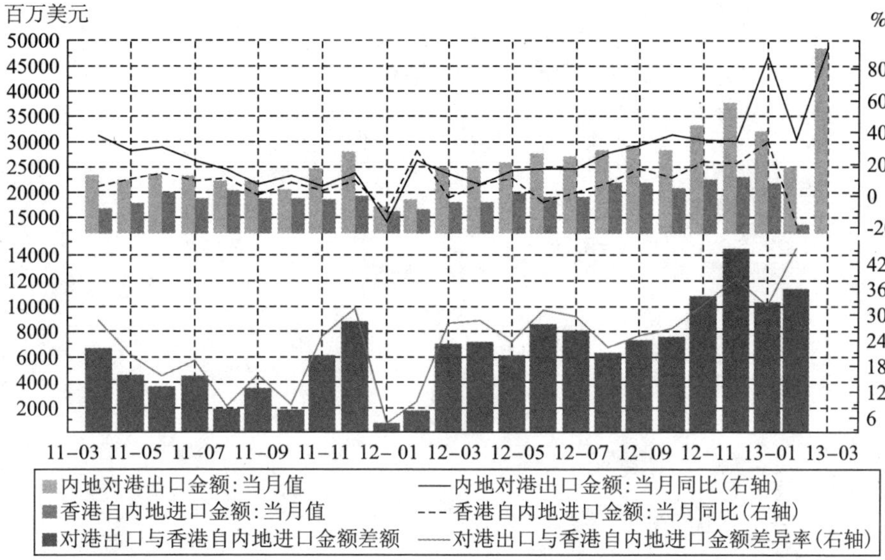

图 4-3　作为中间品进口大国中国对港出口与港对内地进口的统计差异

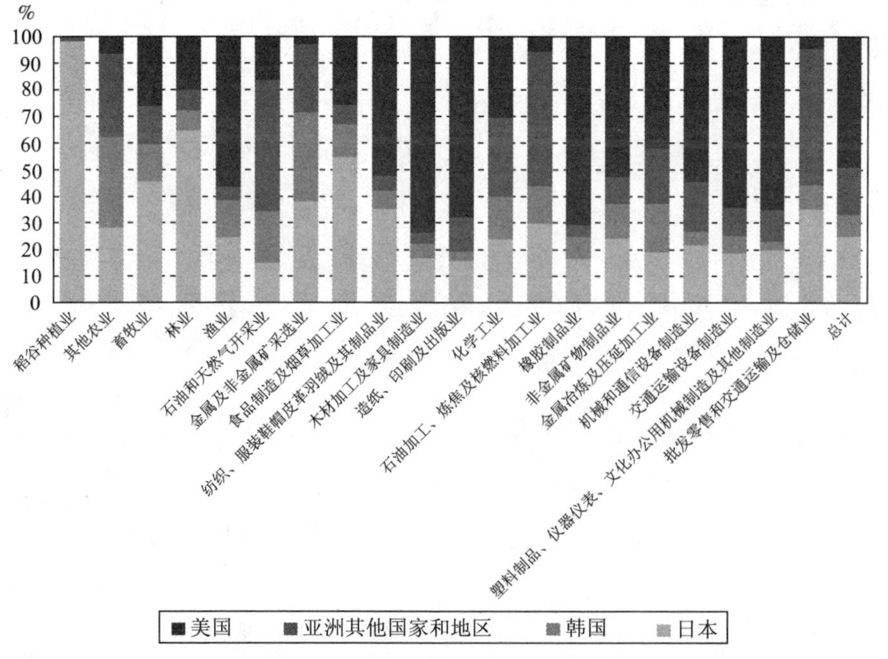

图 4-4　美国及亚太主要国家和地区对中国国内增加值的贡献

第五章

全球价值链上的中国增加值贸易与竞争力结构分析

增加值贸易结构的变化，与全球价值链结构变动密不可分，这是发展中国家不断深入参与价值链并转型升级的结果，带来了增加值贸易结构的变化。发达国家凭借其跨国公司等优势资源，将来一定时期将仍然占据价值链的高端，处于主导地位，获取更多的价值增值。发展中国家处于价值链的中低端，所获取的价值增值远低于发达国家。本章将进一步深入分析我国在全球价值链中的位置与结构变化，以及贸易利益的分配情况。

一、中国增加值贸易地位与结构变化

在全球生产网络与增加值贸易发展的背景下，一国产业升级也变得错综复杂，我们不能再局限于一个国家边界内研究产业升级。国际专业化分工快速发展所产生的推动力，将使一个国家的产业经济与其他国家产生前向或后向关联，从而促进全球价值链的发展。这种全球生产共享模式（Global Production Sharing Model）不仅使得不同主体对增加值贸易产生贡献，也促进了区域经济一体化。全球价值链下的产业升级，充分体现了经济主体在全球生产网络中从低增加值活动向高增加值活动转变的过程。在此动态变化过程中，产业升级体现在两方面的转变，即价值环节的内在属性和外在组合的转变。这两个方面或者均嵌入同一链条中，或者在不同链条之间相互关联。在全球价值链视角下还可以这样理解产业升级，它不仅包含产业向着价值增值更高生产环节的转移，也存在于不同经济主体对价值增值的贡献，这就是上文所言的外在组合。

2013 年，OECD 发布全球价值链的最新研究报告《互联的经济》，其中认为中国对外贸易的成功，主要得益于通过吸引外资发展加工贸易融入到全球价值链中。中国出口成功得益于加工贸易政策，中国经济发展和出口成功与加工贸易和亚洲地区 GVCs 发展密切相关。GVCs 导致亚洲劳动力垂直分工，给后工业化的中国创造了发展制造业的相对比较优势。

20 世纪 90 年代，以嵌入式分工模式为特征的加工贸易在中国迅猛发展，中间品贸易占对外贸易的比重也随之大幅上升。加入 WTO 的十多年来，中间品货物贸易量年均增速明显高于消费品和资本品。中国中间品贸易表现在两个方面：一是使用本国的廉价资源和劳动力禀赋，生产层次较低的中间投入品再输往国外；二是从国外进口中间投入品，利用本国的劳动力禀赋对其进行加工和组装，生产成最终产品或中间品后出口到国外（即加工贸易）。

加工贸易催生了亚洲地区的三角贸易，使中国可以在较短时间内发展成为规模与深度兼具的制造基地，在制造业的大多数部门和生产环节都具有较强的生产能力。特别是在电子、汽车、机械等以产品内分工为主的部门，形成了较为完整的产业链和产业集群，吸引了越来越多的国际产业转移。UN Comtrade 统计数据显示，自 2005 年开始，中间产品贸易在贸易总量中占据重要地位。中国主要从韩国、东盟、欧盟、日本进口大量的零部件产品，然后将最终产品主要出口到美国、欧盟和中国香港。中国零部件进口相对更为集中，主要集中在排名前三位的经济体中，如电子集成电路从中国台湾、韩国、马来西亚进口，占 70% 以上，同样零部件出口的主要分布与最终产品也基本相同，但中国中间品出口地更为集中，主要集中在排名前三位的经济体中，如电信设备、零件出口到中国香港、美国和欧盟，约占 70%，中国正在成为全球中间品贸易的中心。

中国中间品进口规模巨大，且中间品进口对中国制成品出口有显著的促进作用，这说明中国在全球价值链和国际生产网络中扮演着最重要的加工装配生产者的角色，即从日本、韩国等新兴工业化国家进口中间品进行加工组装后再将最终产品出口到美、欧等发达国家。通过对中间品的进一步分析，我们也发现中间品差异对产业分工和技术升级有显著影响。在中间品构成中，零部件产品的技术含量一般要高于半成品，特别是机械、电子等行业的精密零部件更是现代制造业中的尖端领域，其核心技术大多由发达国家掌控，零部件进口所产生的技术投入和技术溢出的效应更强，进而出口对整个价值链的提升作用也是非常明显。而半成品作为技术含量相对较低的投入品，在食品加工、纺织行业中，主要是用于低端的最终消费品，进口的过快增长极有可能被锁定在产品内分工的低端，不利于生产率的提高。

一方面，随着中国步入“中等收入国家”阵营，劳动力、土地等低技术水平要素成本呈现出不断上升的态势，这使得中国在低技术制成品生产上的比较优势正经历着来自拉美及其他周边发展中国家的竞争冲击。另一方面，2008 年国际金融危机之后，发达国家和工业经济体纷纷提出“重返制造业”，新一轮工业革命和区域贸易协定也在重构全球价值链。在这一背景下，近些年来，中国一直在积极推动产业升级，嵌入式分工的出口结构也在发生重大转变，并可能逐步退出。根据中国海关总署统计，加工贸易占出口的比重由 2007 年的 50.7% 降至 2014 年的 37.8%；同期间，加工贸易占进口的比重则由 38.5% 降至 26.8%，显示出中国贸易结构已经开始趋向转型升级。

表 5－1 2007—2014 年中国进出口贸易方式

单位：亿美元

年份	出口			进口		
	总值	加工贸易		总值	加工贸易	
		金额	比重（%）		金额	比重（%）
2007	12180	6177	50.7	9558	3684	38.5
2008	14285	6752	47.3	11331	3784	33.4
2009	12017	5870	48.8	10056	3223	32.1
2010	15779	7403	46.9	13948	4174	29.9
2011	18986	8354	44.0	17435	4698	26.9
2012	20489	8627	42.1	18178	4811	26.5
2013	22100	8608	39.0	19503	4970	25.5
2014	23427	8844	37.8	19603	5244	26.8

资料来源：中国海关总署。

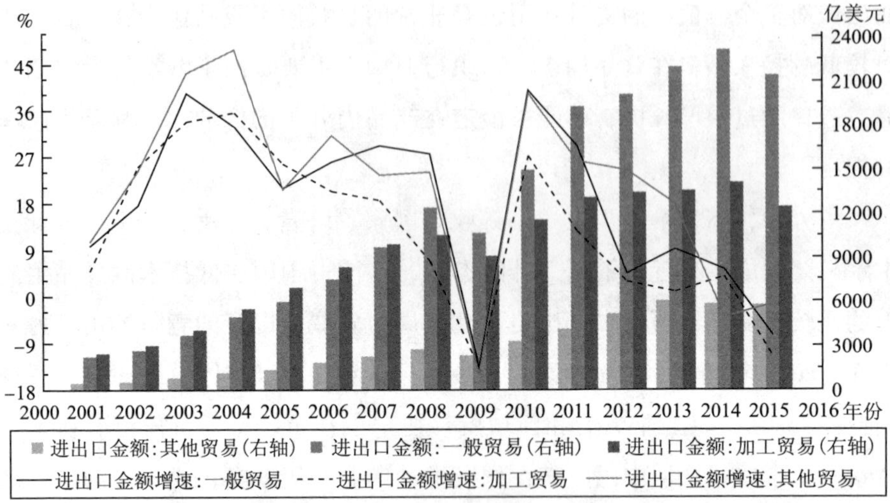

图 5－1　“入世”以来中国进出口贸易结构增长变化情况

资料来源：中国海关总署。

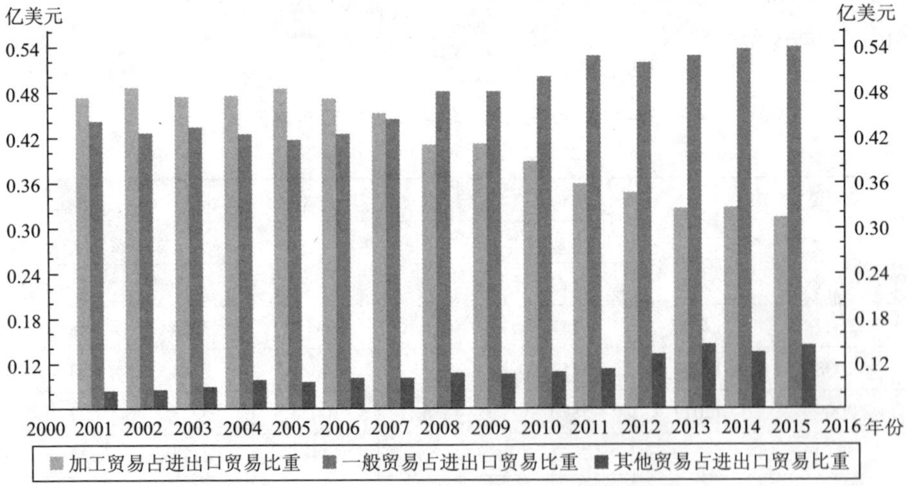

图 5－2　中国一般贸易超过加工贸易占主导地位

资料来源：中国海关总署。

中国装备制造业正在引领出口结构从一般消费品向资本品升级。2015年以来，中国外贸出口当中机电产品已经占了半壁江山，大型单机和成套设备出口成为亮点。除了高铁和核电，中国制造在其他领域的出口也表现出了较强的竞争优势，铁路、船舶、航空航天和其他运输设备制造业的出口增长保持了较高水平。

表 5－2 中国装备制造业零部件进出口及占整体装备制造业进出口的比重

单位：亿美元

年份	零部件出口额	零部件占装备制造业出口比（%）	零部件进口额	零部件装备制造业进口比（%）	进口零部件占装备制造业产值比例（%）	进口零部件占装备制造业出口比重（%）
	(1)	(2)	(3)	(4)	(5)	(6)
2001	451	0.39	568	0.45	0.170	0.496
2002	593	0.43	635	0.43	0.155	0.461
2003	862	0.42	938	0.43	0.168	0.462
2004	1228	0.42	1281	0.44	0.180	0.441
2005	1552	0.41	1580	0.47	0.170	0.414
2006	1941	0.39	1925	0.47	0.158	0.391
2007	1755	0.28	1924	0.40	0.118	0.308
2008	2215	0.30	2142	0.41	0.098	0.294
2009	1705	0.27	1861	0.39	0.075	0.292
2010	2275	0.27	2399	0.38	0.075	0.284
2011	4380	0.45	4007	0.55	0.102	0.410
2012	2558	0.24	2551	0.34	0.061	0.241
2013	2616	0.23	2583	0.31	0.054	0.229

资料来源：UN Comtrade 数据库，中国海关总署。

通过进一步分析，我们认为，除这些产业本身的优势之外，还说明中国贸易结构的演变与国际产业转移的历程是一致的。从国际产业转移的发展历程看，主要是沿着“日用消费品—电子消费品—机械设备”演进。由于装备制造业多属于知识与技术密集型，作为发展中国家，中国机械设备技术与国外技术设备仍存在差距，引进机械和技术设备也是为了进一步促进中国在全球价值链上的产业升级。

二、测算中国在全球价值链与增加值贸易中的利益分配

当然，中国贸易结构和贸易方式的转型不能只看一般贸易与加工贸易的比重。同时，作为世界制造业大国，中国的外贸顺差并不全部代表自身的对外贸易利益，有相当一部分来自于其资源和中间品进口国。因此，附加值贸易所衡量的外贸失衡更能体现出中国在国际分工和生产网络中的比较优势。

中国在全球增加值贸易中的地位日益增强。当前，中国逐步超越日本、美国和德国等发达经济体，成为全球主要经济体中贸易增加值最大的经济体。1995 年，中国的贸易增加值仅为 1404. 3 亿美元，居全球主要经济体第 9 位，其他贸易增加值从高到低依次为美国、德国、日本、法国、英国、意大利、加拿大和荷兰，贸易增加值分别为 6320. 0 亿美元、4586. 1 亿美元、4444. 8 亿美元、2632. 4 亿美元、2395. 5 亿美元、2119. 7 亿美元、1570. 4 亿美元和 1472. 2 亿美元；1997 年，中国贸易增加值达到 1767. 0 亿美元，超过加拿大和荷兰，成为全球第 7 大贸易增加值国家；2002 年中国的贸易增加值增长为 2951. 2 亿美元，超过法国和意大利，居全球主要经济体第 5 位；2007 年中国贸易增加值保持快速增长的趋势，超过日本和英国，成为全球第 3 大贸易增加值国家；2011 年，中国贸易增加值迅速增长到 15744. 2 亿美元，超越德国和美国，成为全球主要经济体贸易增加值最大的国家。从贸易增加值的增速来看，1995—2011 年，中国的贸易增加值年均增速最高，达到 16. 3%，远远高于全球 7. 3% 的增速。

从单位出口所获得的增加值来看，全球每出口 1000 美元所带来的国内增加值呈下降趋势，1995—2011 年分别为 783 美元、781 美元、753 美元、711 美元和 724 美元；中国每出口 1000 美元带来的国内增加值略高于全球水平，但总体仍呈现下降的趋势，1995—2011 年每出口 1000 美元带来的国内增加值分别为 836 美元、853 美元、808 美元、731 美元、755 美元。对于资源型经济体，每出口 1000 美元带来的国内增加值都较高，且呈现出

逐年上升的趋势，如俄罗斯每出口 1000 美元带来的国内增加值 1995 年为 918 美元，2011 年上升至 928 美元；巴西每出口 1000 美元带来的国内增加值次之，2011 年为 876 美元；然后为澳大利亚，2011 年为 855 美元。

表 5－3　1995—2011 年全球主要经济体贸易增加值

单位：百万美元

经济体	1995 年	1997 年	2002 年	2007 年	2011 年
中国	140429	176699	295123	981027	1574422
美国	631998	739893	724546	1205849	1455191
德国	458607	445740	527256	1054499	1112159
日本	444479	419169	397477	639976	729821
英国	239547	287825	311374	561322	538800
法国	263242	261840	275723	455471	483151
俄罗斯	75464	80347	94751	301264	450607
意大利	211973	222747	229829	423055	428825
加拿大	157038	174918	216112	362095	406304
韩国	111846	120385	132661	282878	362168
荷兰	147221	136915	150332	278890	319571
澳大利亚	64647	74570	71599	164382	279366
西班牙	86204	97210	118122	232798	268282
印度	37709	42556	66122	190191	263342
巴西	51345	54252	63932	160325	257857
墨西哥	59343	80960	114488	191991	236528
比利时	106831	97921	102238	181376	197946
印度尼西亚	45646	54224	53392	104955	185519
中国台湾	84566	94251	101025	148512	176671
瑞典	71325	74403	75406	153119	168592
波兰	26648	29916	40905	116412	147698
奥地利	53060	52346	64381	128528	138303
土耳其	24405	36444	32425	83940	121377
爱尔兰	28981	36011	60959	119702	120089
丹麦	46571	43879	50791	92175	99059
捷克共和国	17650	18337	25983	71582	87184
芬兰	35523	34860	39645	73282	68032

续表

经济体	1995 年	1997 年	2002 年	2007 年	2011 年
匈牙利	11596	13415	20982	53047	61468
葡萄牙	19965	20348	22670	45182	41231
罗马尼亚	6906	7192	10696	35257	41025
斯洛伐克	7006	6858	8903	31818	36201
卢森堡	10611	9353	11531	30588	34990
希腊	7687	8692	13621	35823	32158
斯洛文尼亚	6127	6192	7410	16869	16048
保加利亚	3863	3887	4671	13121	15582
立陶宛	1866	2908	3884	11625	13388
拉脱维亚	1429	1881	2613	6937	7913
爱沙尼亚	1344	1833	2537	7025	7652
塞浦路斯	1453	1427	1620	3304	3541
马耳他	1073	1119	1509	2899	3327
全球	4315009	4554611	5318943	10799538	13324886

表 5－4　1995—2011 年全球主要经济体每出口 1000 美元所得国内增加值美元

单位：美元

经济体	1995 年	1997 年	2002 年	2007 年	2011 年
澳大利亚	874	871	869	841	855
奥地利	756	735	711	660	652
比利时	602	595	599	559	533
保加利亚	675	627	661	554	652
巴西	918	913	868	878	876
加拿大	739	726	737	755	784
中国	836	853	808	731	755
塞浦路斯	731	692	705	716	727
捷克共和国	692	680	602	535	529
德国	794	783	758	698	694
丹麦	734	733	701	626	623
西班牙	787	775	745	695	694

续表

经济体	1995 年	1997 年	2002 年	2007 年	2011 年
爱沙尼亚	620	598	560	617	666
芬兰	762	750	747	670	652
法国	787	774	752	716	699
英国	791	794	805	798	768
希腊	808	773	697	715	756
匈牙利	711	650	560	515	538
印度尼西亚	843	842	815	837	848
印度	894	895	849	784	779
爱尔兰	613	613	581	592	553
意大利	803	814	793	736	719
日本	918	903	891	829	815
韩国	755	716	713	649	591
立陶宛	670	656	660	678	659
卢森堡	547	481	419	387	387
拉脱维亚	749	738	739	693	752
墨西哥	735	714	694	696	688
马耳他	491	547	554	545	603
荷兰	675	662	677	639	595
波兰	826	810	732	666	651
葡萄牙	722	719	710	682	717
罗马尼亚	766	740	715	721	758
俄罗斯	918	922	905	922	928
斯洛伐克	677	622	543	521	576
斯洛文尼亚	661	661	636	577	634
瑞典	737	732	709	675	676
土耳其	860	825	765	702	773
中国台湾	666	666	645	536	522
美国	826	820	802	788	790
全球	783	781	753	711	724

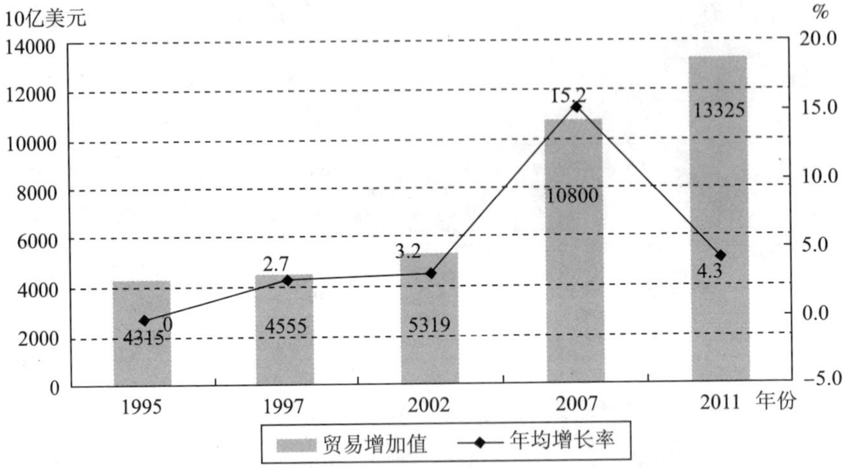

图 5－3　1995—2011 年全球贸易增加值和年均增长率

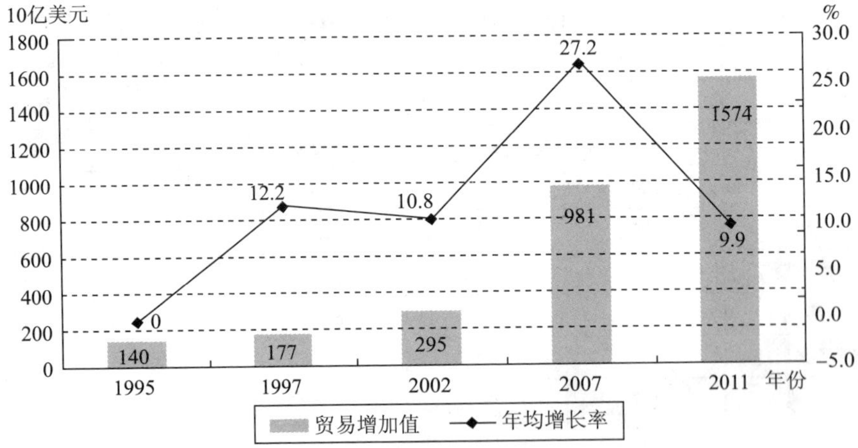

图 5－4　1995—2011 年中国贸易增加值和年均增长率

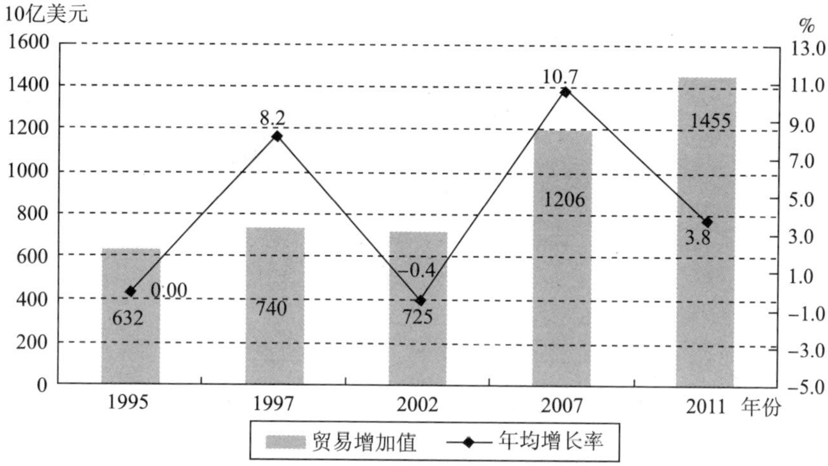

图 5-5　1995—2011 年美国贸易增加值和年均增长率

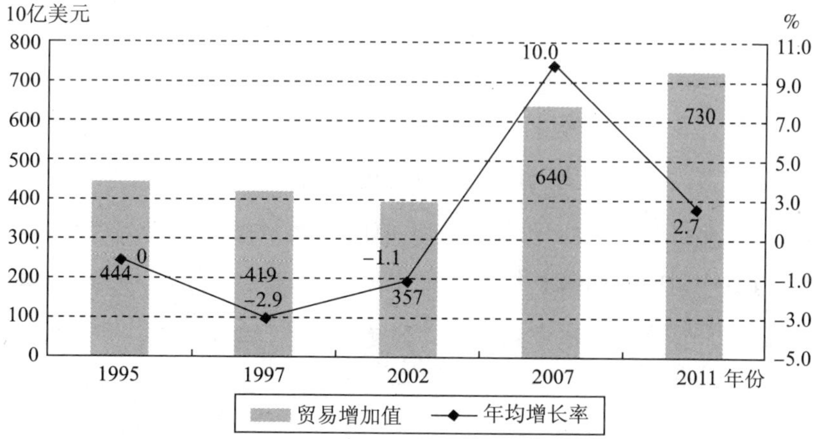

图 5-6　1995—2011 年日本贸易增加值和年均增长率

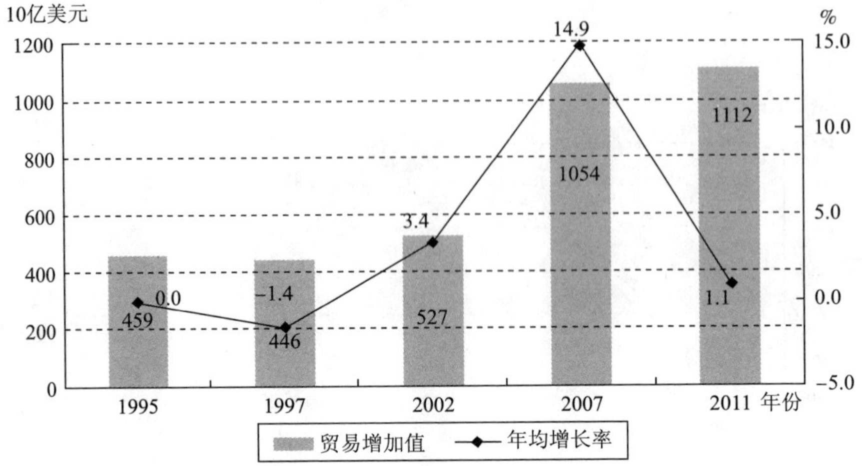

图 5－7　1995—2011 年德国贸易增加值和年均增长率

三、中国参与全球价值链的方式与增加值贸易结构

一国或地区既可以从产品生产过程的低端（如加工、组装等环节）参与全球价值链，也可以从产品生产过程的高端（如研发、设计等环节）参与全球价值链。因此，全球价值链的参与程度能更加全面地反映出一国参与国际分工的程度。我们将全球价值链的参与区分为前向参与（产出影响）和后向参与（需求影响），分别用指标前向垂直专业化率（VS1）和后向垂直专业化率（VS）来衡量。所谓前向垂直专业化率（VS1），是指一国出口中作为中间品被其他国家进口的比重，反映出本国产品对其他国家供应链的贡献程度，后向垂直专业化率（VS）是指一国出口中进口中间品的比重，反映出本国出口对进口的依赖程度。综合来看，前向垂直专业化率与后向垂直专业化率可以综合地反映出一国参与全球价值链分工的程度。

具体算法为

$$VSshare = \frac{u \cdot M \cdot \ (I-A)^{-1} \cdot EX}{u \cdot EX}$$

其中，u 为元素都为 1 的 $1\times n$ 的行向量，M 为 $n\times n$ 的进口系数矩阵（进口中间消耗占总投入的比重），A 为 $n\times n$ 的国内直接消耗系数矩阵，I 则为 $n\times n$ 的单位矩阵，$(I-A)^{-1}$ 为国内列昂惕夫逆矩阵，EX 则为 $n\times 1$ 的出口列向量。该指标反映了一国出口需求所直接或间接诱发的进口中间消耗，即一国出口中所含的进口中间消耗量，该指标被广泛地用来表示一个国家在全球供应链中的参与度。

然而，较高的全球价值链参与度并不能代表获取较高的利益分配。中国作为新兴工业化经济体的代表，主要以后向方式参与全球价值链，其后向垂直专业化程度比发达经济体和资源型经济体高且呈现出不断加深的趋势。新兴工业化经济体处在全球生产链的中下游，主要进行加工组装或贴牌生产，以后向方式参与到全球价值链中，对进口中间品的依赖性较强，表现出后向垂直专业化率高。中国的后向垂直专业化率较高且增长较快，特别是在 2002—2007 年，中国参与全球价值链的程度明显加深，后向垂直专业化率上涨了 7 个百分点，到 2007 年达到 24.7%后，2011 年有小幅下降，1995—2011 年中国的后向垂直专业化率分别为 15.8%、14.1%、17.9%、24.7%和 21.8%。对于发达经济体和资源型经济体，其后向垂直专业化程度较低，呈上升的趋势但增长较慢，作为亚洲生产网络的主要经济体，韩国和中国台湾的后向垂直专业化程度始终高于亚洲其他经济体，1995—2011 年，中国台湾和韩国的后向垂直专业化率分别为 33.0%、33.0%、34.9%、45.8%和 47.3%及 24.0%、27.8%、28.2%、34.3%和 40.3%。

从产业结构来看，除了传统的中低技术制造业，中国中高技术制造业也通过后向方式参与全球价值链，并且参与程度也在不断提升。1995—2011 年，传统制造业如造纸及纸制品业，印刷和记录媒介的复制业，橡胶和塑料制品业与金属制品业的后向垂直专业化程度不断加深；电气机械及器材制造业和化学原料及化学制品制造业、化学纤维制造业的后向垂直专业化程度虽然低于传统的中低技术制造业，但呈现出加速上升的趋势，1995—2011 年其后向垂直专业化率分别为 12.1%、13.1%、15.8%、15.6%和 16.1%及 14.6%、19.8%、23.6%、24.1%和 19.3%。

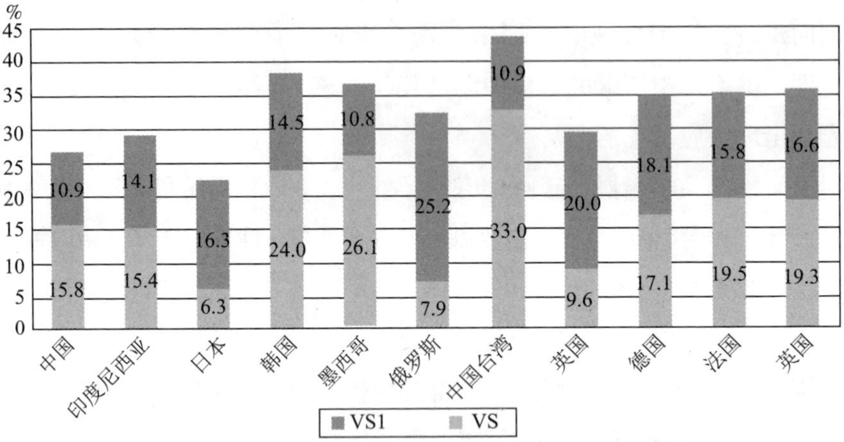

图 5－8　1995 年全球部分经济体 GVC 参与度

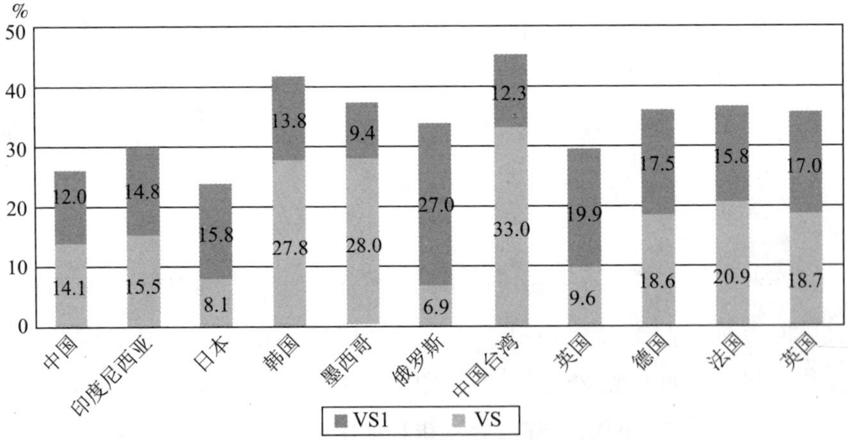

图 5－9　1997 年全球部分经济体 GVC 参与度

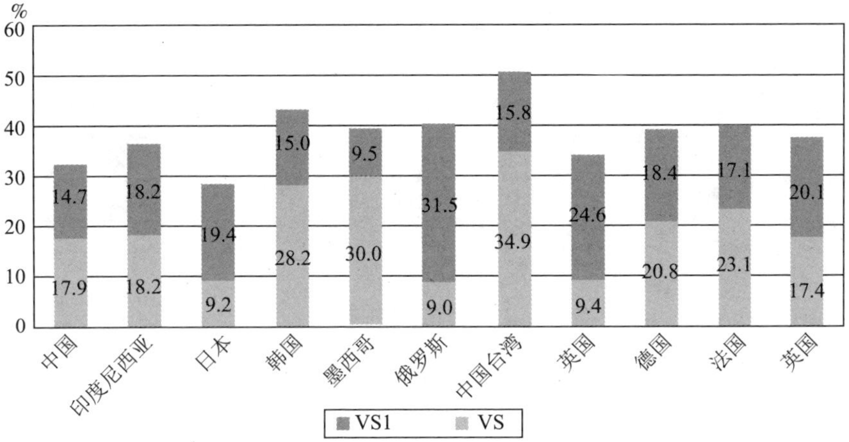

图 5－10　2002 年全球部分经济体 GVC 参与度

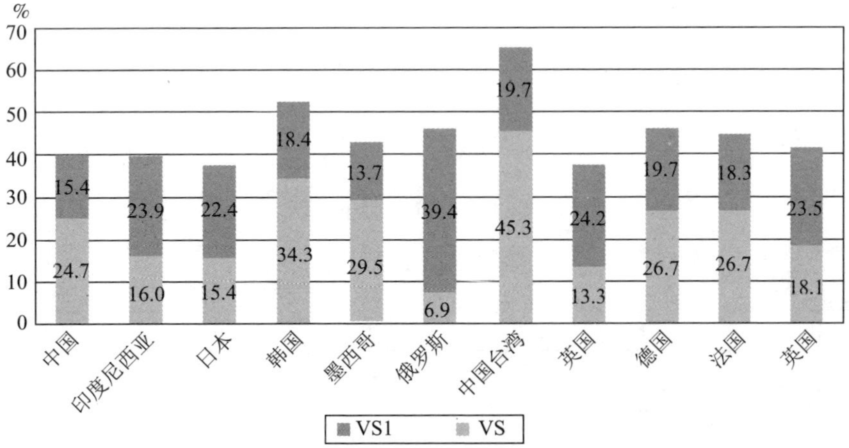

图 5－11　2007 年全球部分经济体 GVC 参与度

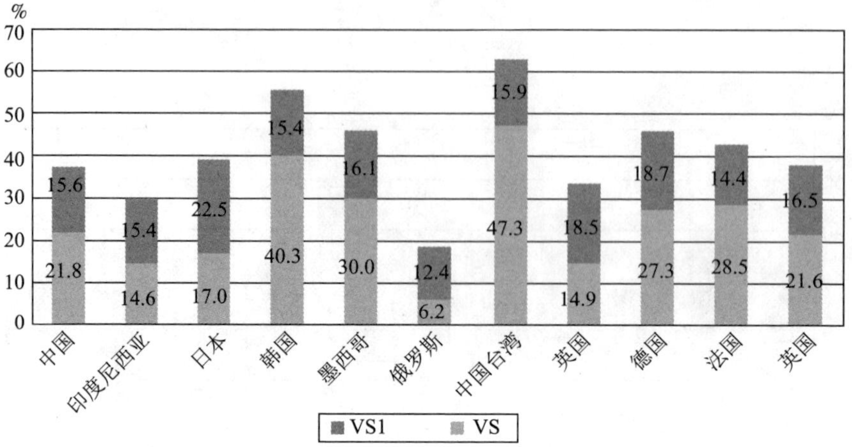

图 5－12　2011 年全球部分经济体 GVC 参与度

表 5－5　1995—2011 年全球主要经济体后向垂直专业化率（VS）

%

经济体＼年份	1995	1997	2002	2007	2011
澳大利亚	12.2	12.6	12.7	15.2	13.7
奥地利	23.9	25.9	28.3	33.3	34.2
比利时	38.7	39.5	39.3	43.4	46.0
保加利亚	32.4	37.2	33.8	44.5	34.7
巴西	7.9	8.4	13.0	11.9	11.9
加拿大	25.1	26.2	25.3	23.3	20.2
中国	15.8	14.1	17.9	24.7	21.8
塞浦路斯	26.9	30.8	29.5	28.3	27.2
捷克	29.9	31.4	39.3	45.9	46.5
德国	17.1	18.6	20.8	26.7	27.3
丹麦	26.3	26.4	29.4	36.7	37.1
西班牙	20.6	21.7	24.5	29.2	29.7
爱沙尼亚	37.9	40.1	43.9	38.1	33.3
芬兰	23.4	24.7	25.0	32.6	34.5
法国	19.5	20.9	23.1	26.7	28.5
英国	19.3	18.7	17.4	18.1	21.6

续表

年份 经济体	1995	1997	2002	2007	2011
希腊	19.1	22.6	30.1	28.3	24.3
匈牙利	28.8	34.8	43.8	48.2	46.0
印度尼西亚	15.4	15.5	18.2	16.0	14.6
印度	10.5	10.4	14.8	21.1	21.7
爱尔兰	38.5	38.5	41.7	40.6	44.6
意大利	18.7	17.5	19.4	25.1	27.1
日本	6.3	8.1	9.2	15.4	17.0
韩国	24.0	27.8	28.2	34.3	40.3
立陶宛	32.9	34.3	33.9	32.0	33.9
卢森堡	45.1	51.8	58.0	61.3	61.3
拉脱维亚	25.1	26.2	26.0	30.4	24.6
墨西哥	26.1	28.0	30.0	29.5	30.0
马耳他	50.8	45.3	44.6	45.5	39.7
荷兰	31.4	32.8	31.4	35.0	39.2
波兰	17.2	18.7	26.4	32.8	34.3
葡萄牙	27.6	27.9	28.7	31.4	27.9
罗马尼亚	23.3	25.9	28.4	27.6	23.9
俄罗斯	7.4	6.9	9.0	6.9	6.2
斯洛伐克	31.5	37.2	45.4	47.5	42.0
斯洛文尼亚	33.9	33.8	36.4	42.2	36.5
瑞典	25.7	26.3	28.5	31.9	31.9
土耳其	13.8	17.3	23.3	29.4	22.2
中国台湾	33.0	33.0	34.9	45.8	47.3
美国	9.6	9.6	9.4	13.3	14.9
全球	19.1	19.3	21.8	25.9	24.8

表 5-6　1995—2011 年 APEC 主要成员前向垂直专业化率（VS1）　%

年份 经济体	1995	1997	2002	2007	2011
澳大利亚	16.8	15.8	19.2	25.0	24.8
加拿大	10.2	10.0	9.6	13.3	18.0

续表

经济体 \ 年份	1995	1997	2002	2007	2011
中国	10.9	12.0	14.7	15.4	15.6
印度尼西亚	14.1	14.8	18.2	23.9	15.4
日本	16.3	15.8	19.4	22.4	22.5
韩国	14.5	13.8	15.0	18.4	15.4
墨西哥	10.8	9.4	9.5	13.7	16.1
俄罗斯	25.2	27.0	31.5	39.4	12.4
中国台湾	10.9	12.3	15.8	19.7	15.9
美国	20.0	19.9	24.6	24.2	18.5
奥地利	17.4	16.9	18.2	19.1	14.6
比利时	15.1	15.7	15.1	16.6	16.3
塞浦路斯	7.5	7.3	10.5	15.5	17.7
德国	18.1	17.5	18.4	19.7	18.7
西班牙	14.0	14.7	16.0	18.3	16.7
爱沙尼亚	15.6	16.3	16.5	17.7	22.5
芬兰	17.4	16.9	21.0	20.3	14.4
法国	15.8	15.8	17.1	18.3	14.4
希腊	12.1	11.5	13.8	17.4	23.0
爱尔兰	9.4	10.4	10.4	11.9	14.2
意大利	13.4	14.3	16.3	18.0	10.0
卢森堡	13.7	12.3	10.5	9.9	16.4
马耳他	10.2	10.5	13.6	14.0	20.3
荷兰	14.4	14.5	15.8	18.3	14.8
葡萄牙	11.5	11.4	14.3	15.9	14.3
斯洛伐克	18.6	17.0	15.2	17.2	9.5
斯洛文尼亚	11.6	12.0	14.6	15.6	17.8
保加利亚	10.0	10.0	13.5	15.3	13.4
巴西	18.4	17.6	18.2	23.1	13.5
捷克	16.5	16.2	16.9	16.6	17.3
丹麦	11.2	12.1	14.5	16.1	17.7
英国	16.6	17.0	20.1	23.5	16.5
匈牙利	13.4	13.6	13.5	14.5	18.9

续表

年份 / 经济体	1995	1997	2002	2007	2011
印度	11.8	13.2	15.5	16.2	22.2
立陶宛	12.4	11.4	15.4	16.8	37.9
拉脱维亚	16.5	14.0	18.8	19.3	18.4
波兰	17.1	17.0	19.3	19.5	16.5
罗马尼亚	14.5	13.4	15.3	19.4	17.9
瑞典	16.3	15.6	17.0	18.5	16.7
土耳其	11.4	11.0	13.0	14.4	22.0
全球	15.8	15.9	17.6	19.7	24.6

此外，根据WIOD数据库将制造业分为中高与高技术、中低技术及低技术的分类①，我们进一步测算了不同技术层次部门的垂直化率。在绝大多数年份制造业中技术层次越高的行业垂直专业化率越高。中国在中高和高技术领域和发达国家还有较大的差距，很多技术含量高的中间产品还需要进口。特别是出口到发达国家市场的产品对技术和质量的要求较高，甚至在贸易中还设置有技术壁垒，导致很多时候只能从发达国家进口中间产品才能达到要求。在低技术行业，中国本国产品一般能达到国际市场要求，对进口中间产品的依赖就较少，垂直专业化率相应较低。结果显示（见表5－7），中高和高技术行业的波动最大，2005年垂直专业化率达到最高点，而后下滑直到2010年开始回升。中低技术行业波动幅度相对较小，2005—2008年基本稳定在最高水平，2009年稍有下降而后回升。低技术行业的垂直专业化率相对较稳定，但在2004年到最高点后连续下降直到2009年后才开始回升。技术层次越高的行业对外国中间产品的依赖相对越大，受世界经济放缓和结构性变化的影响较大，垂直专业化率的波动幅度越

① 高技术制造业包括化学原料及其制品、机械、电子和光学仪器、运输设备制造；中技术制造业包括煤炭、炼油和核燃料，橡胶和塑料制品，其他非金属矿物，基础金属和合金；低技术制造业包括食品饮料制造及烟草加工业，纺织及其制品，皮革、皮革制品和鞋类，木材及其制品，纸浆、纸制品和印刷出版，其他制造业及回收。

大。中低技术行业和低技术行业的垂直专业化率相对稳定一些，受国外经济变化的冲击较小，波动也较小。

表 5 -7　1995—2011 年按技术层次分类的垂直化率

%

年份	中高与高技术	中低技术	低技术
1995	20. 52	15. 71	16. 36
1996	18. 61	14. 52	14. 16
1997	18. 52	15. 03	13. 84
1998	17. 13	13. 27	12. 82
1999	19. 64	14. 38	14. 20
2000	23. 11	16. 95	15. 82
2001	22. 97	16. 59	15. 29
2002	25. 61	17. 72	15. 78
2003	30. 12	21. 08	16. 99
2004	35. 14	24. 76	18. 93
2005	35. 43	25. 45	18. 04
2006	34. 51	25. 23	17. 13
2007	33. 03	25. 51	16. 20
2008	29. 58	25. 47	15. 15
2009	25. 48	21. 15	12. 58
2010	24. 16	24. 14	14. 14
2011	28. 13	25. 94	14. 45

资料来源：根据 WIOD 数据库计算而得。

四、在全球价值链中中国国外贸易增加值的流向与分布

在全球价值链分工中，一国/产业不论以何种方式参与，只要在价值生产过程中获得的区内增加值（DVA）占比越高或者区外增加值（FVA）占比越低，则越处于价值链的上游；反之则相反。具体表现就是，处于价值链上游的经济体主要从事附加值高的活动，表现为单位出口中所包含的国内增加值和折返增加值多，而国外增加值少；对于处于价值链下游的经济体而言，单位出口中所包含的国内增加值和折返增加值少，国外增加值多。

我们将国外增加值分解为出口最终产品的国外增加值和出口中间产品的国外增加值，并利用投入产出模型测算。在出口部门中，含国外增加值比重较高的部门集中在制造业。中国作为新兴工业化经济体，单位出口中的国内增加值比重低于发达经济体和资源型经济体。例如，2011 年，发达经济体美国、日本和德国单位出口的国内增加值比重分别为 79.0%、81.5%、69.4%，国外增加值的比重则分别为 11.4%、12.6%、20.2%；资源型经济体如俄罗斯、澳大利亚单位出口的国内增加值比重则分别高达 92.8%和85.5%，国外增加值也分别仅为3.7%和9.7%。发达经济体单位出口的国内增加值比重与资源型经济体总体相当，但其国外增加值的比重却明显高于资源型经济体，这是由于发达经济体与资源型经济体参与全球价值链的方式以及参与的价值链的长度不同，对于发达经济体，主要从事“微笑曲线”高附加值的活动，通过产品的研发、设计和营销等方式参与全球价值链从而获得较高的国内增加值，而资源型经济体则主要依靠资源禀赋通过在生产阶段向其他经济体提供资源来获得较高的附加值。经济体新兴工业化经济体单位出口的国内增加值比重则远远低于发达经济体和资源型经济体，国外增加值比重远高于发达经济体和资源型经济体，位于全球价值链的中下游，如中国台湾、墨西哥和韩国 2011 年单位出口的国内增加值比重较低，分别仅为 52.2%、68.8%和 59.1%，而国外增加值比重则高达 31.7%、25.5%和 29.8%；对于中国，单位出口的国内增加值比重和国外增加值比重介于发达经济体及其他经济体新兴经济体之间，总体来说，处于全球价值链的中下游。

从折返增加值的角度来看，发达经济体单位出口中的折返增加值比重高于其他经济体，其中美国的比重最高，但与其他经济体的差距在逐步缩小，1995—2011 年，美国单位出口中的折返增加值比重分别为 7.1%、7.7%、9.6%、7.1%和 5.4%；其次为德国，但呈下降趋势，1995—2011 年德国的折返增加值比重分别为 2.8%、2.4%、2.3%、2.1%和 2.1%；与此同时，中国的折返增加值比重不断上升，增速远远高于其他经济体。到 2011 年，中国折返增加值比重达到 2.0%，高于日本 0.8 个百分点，

1995—2011 年折返增加值比重分别为 0.4%、0.5%、1.0%、1.3% 和 2.0%。而对于俄罗斯等资源型经济体，其折返增加值总体较低，部分经济体的折返增加值率低于新兴工业化经济体，这也进一步说明，尽管资源型经济体单位出口的增加值与发达国家相当，但其参与全球价值链的程度并不深，仅仅是依靠资源禀赋来获得较高的附加值。

从国外增加值的内容来看，中国出口最终产品包含的国外增加值比重要远远高于发达经济体和资源型经济体。中国出口最终产品包含的国外增加值比重在全球主要经济体中最高，但中国出口最终产品包含的国外增加值比重高于出口最终产品包含的国外增加值比重且逐年下降，出口中间产品包含的国外增加值比重逐年上升，1995—2011 年中国以最终产品出口的区外增加值占比（FVA_ FIN）逐年下降，而以中间产品出口的区外增加值占比（FVA _ INT）逐年上升，分别为 65.1%、62.1%、63.6%、61.0%和 57.3%及 34.9%、37.9%、36.4%、39.0%和 42.7%。2011 年中国出口中，区内增加值占比和区外增加值占比分别为 75.5%和 17.1%。其中，在区外增加值中，以最终产品出口占比 57.3%，以中间产品出口占比 42.7%，这也表明，虽然中国出口附加值贸易总体上仍位于全球价值链的中低端，但却在不断向全球价值链的高端攀升。

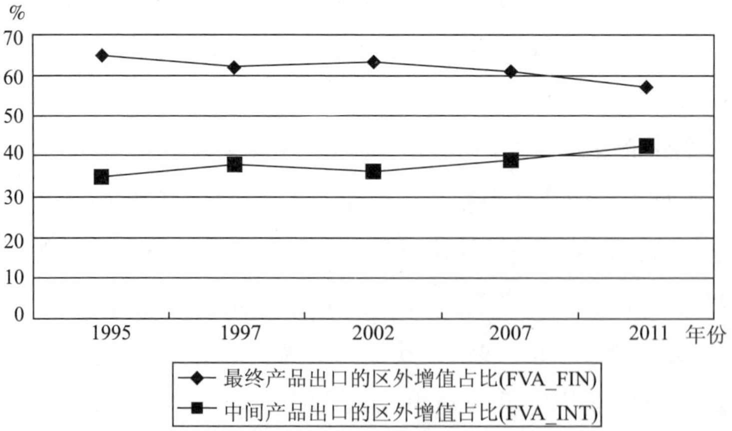

图 5-13　1995—2011 年中国以最终产品和中间产品出口的区外增加值占比

表 5－8　VS 及其构成部分与出口总量的比值的行业平均值

%

年份	1995	2000	2005	2007	2010	2011
VS	12. 11	12. 71	17. 07	16. 58	14. 78	15. 75
FVA	10. 54	10. 59	13. 8	13. 23	11. 71	12. 47
FDC	1. 57	2. 12	3. 23	3. 35	3. 07	3. 28
VS_ FIN	6. 22	6. 04	7. 94	7. 21	6. 46	6. 76
VS_ INT	5. 90	6. 67	9. 13	9. 37	8. 32	8. 99
FVA_ FIN	5. 60	5. 21	6. 79	6. 06	5. 38	5. 63
FVA_ INT	4. 94	5. 39	7. 05	7. 17	6. 3	6. 83
FDC_ FIN	0. 62	0. 83	1. 15	1. 15	1. 08	1. 12
FDC_ INT	0. 95	1. 28	2. 08	2. 20	1. 99	2. 16

注：VS、FVA 和 FDC 分别表示垂直专业化、国外增加值和国外重复计算。VS_ Fin、FVA_ Fin 和 FDC_ Fin 分别表示最终产品出口中的 VS、FVA 和 FDC；VS_ INT、FVA_ INT 和 FDC_ INT 分别表示中间产品出口中的 VS、FVA 和 FDC。

附录：KPWW 法简介及本章模型

从现有的文献来看，目前增加值测算的主流方法是由 Koopman，Power，Wang 和 Wei（2010）提出的 KPWW 法，该法一方面在汲取 Hummels，Ishii 和 Yi（1999，2001），简称 HIY 法及 Daudin，Rifflart 和 Schweisguth（2010），简称 DRS 法的基础上，提出将国民账户核算体系中的增加值统计法（Value Added）与传统通关统计法进行整合，通过构建全球多部门投入产出数据库，将国内增加值统计从单一国家拓展至区域乃至全球，全方位地对一国贸易中国内与国外增加值进行估算。另一方面，KPWW 法将一国出口按用途区分，测算出一国出口中所折返的增加值，从而避免了贸易增加值的重复计算，有效地改进了贸易统计方法。

1. 概念介绍

一国的出口产品中，不仅包括国内增加值（Domestic value－added，DV），也包括国外增加值（Foreign value－added，FV）。

国内增加值指一国的出口产品中所包含的本国增加值，这部分增加值由本国生产出口至其他国家或者被折返回本国。

国外增加值指一国的出口产品中所包含的其他国家的增加值，这部分增加值由其他国家生产，但经由本国出口。以上两个概念在模型中会具体说明。

2. KPWW 法简介

根据投入产出表的行向平衡关系，一国的总产出被用于中间需求和最终消费，并且中间需求可分为国内生产需求和国外生产需求出口，最终消费可分为国内最终消费和国外最终消费出口，即

总产出＝中间需求＋国内最终消费

＝（国内生产需求＋国外生产需求出口）＋（国内最终消费＋国外最终消费出口）

1）以两国为例，每个国家都有 N 个部门，用公式表示则为

$$X_r = A_{rr}X_r + A_{rs}X_s + Y_{rr} + Y_{rs'} \quad r，s = 1，2 \tag{1}$$

用矩阵表示则有

$$\begin{bmatrix} X_1 \\ X_2 \end{bmatrix} = \begin{bmatrix} A_{11} & A_{12} \\ A_{21} & A_{22} \end{bmatrix} \begin{bmatrix} X_1 \\ X_2 \end{bmatrix} \begin{bmatrix} Y_{11} + Y_{12} \\ Y_{21} + Y_{22} \end{bmatrix} \tag{2}$$

进一步改写则有

$$\begin{bmatrix} X_1 \\ X_2 \end{bmatrix} = \begin{bmatrix} A_{11} & A_{12} \\ A_{21} & A_{22} \end{bmatrix}^{-1} \begin{bmatrix} Y_{11} + Y_{12} \\ Y_{21} + Y_{22} \end{bmatrix} = \begin{bmatrix} B_{11} & B_{12} \\ B_{21} & B_{22} \end{bmatrix} \begin{bmatrix} Y_{11} + Y_{12} \\ Y_{21} + Y_{22} \end{bmatrix} \tag{3}$$

同时假定 V_r 为 r 国 $1 \times N$ 的直接增加值率系数行向量，因此我们定义

$\begin{bmatrix} V_1 & 0 \\ 0 & V_2 \end{bmatrix}_{2 \times 2N}$ 为两国增加值率系数矩阵

此时，将增加值系数矩阵与列昂惕夫逆矩阵相乘则得到增加值份额矩阵（VAS）

$$VAS = VB = \begin{bmatrix} V_1B_{11} & V_1B_{12} \\ V_2B_{21} & V_2B_{22} \end{bmatrix} \tag{4}$$

其中，V_1B_{11} 表示在国家 1 生产的产品中，国家 1 的增加值份额；V_2B_{21} 表示在国家 1 生产的产品中，国家 2 的增加值份额。因此对于 VAS 矩阵的第一列包括生产一单位国家 1 的所有增加值，对于第二列同理。根据这个原理，则有

$V_1B_{11} + V_2B_{21} = V_1B_{12} + V_2B_{22}$，$u$ 是 $1 \times N$ 的单位向量。

因此，在国家间表中，一国的出口则包括中间品和最终产品，用公式表达为

$$E_r = \sum_{s \neq r} E_{rs} = \sum_s (A_{rs}X_s + Y_{rs}),\ r,\ s = 1,\ 2$$

两国的出口矩阵为

$$E = \begin{bmatrix} E_1 & 0 \\ 0 & E_2 \end{bmatrix}_{2N \times 2}$$

$$\hat{E} = \begin{bmatrix} \hat{E}_1 & 0 \\ 0 & \hat{E}_2 \end{bmatrix}_{2N \times 2}$$

其中，$\hat{E}_1$和$\hat{E}_2$分别为 E_1 和 E_2 的对角阵。

因此，各国各部门在全球价值链上的贸易增加值则表示为

$$VB\hat{E} = \begin{bmatrix} V_1B_{11} & V_1B_{12} \\ V_2B_{21} & V_2B_{22} \end{bmatrix}_{2 \times 2N} \begin{bmatrix} \hat{E}_1 & 0 \\ 0 & \hat{E}_2 \end{bmatrix}_{2N \times 2N} = \begin{bmatrix} V_1B_{11}\hat{E}_1 & V_1B_{12}\hat{E}_2 \\ V_2B_{21}\hat{E}_1 & V_2B_{22}\hat{E}_2 \end{bmatrix}_{2 \times 2N} \quad (5)$$

对于国家 1 而言，出口产品中所包含的国内增加值为 $V_1B_{11}\hat{E}_1$，国外增加值为 $V_2B_{21}\hat{E}_1$，并且二者之和等于该国的总出口；对于国家 2 同理。即

$$DV_r + FV_r = E_r$$

2）在三国或多国贸易下

根据前文分析，各国出口所产生的增加值为：

$$VB\hat{E} = \begin{bmatrix} V_1B_{11}\hat{E}_1 & V_1B_{12}\hat{E}_2 & V_1B_{13}\hat{E}_3 \\ V_2B_{21}\hat{E}_1 & V_2B_{22}\hat{E}_2 & V_2B_{23}\hat{E}_3 \\ V_3B_{31}\hat{E}_1 & V_3B_{32}\hat{E}_2 & V_3B_{33}\hat{E}_3 \end{bmatrix}_{3 \times 3N}$$

从非对角线的列向量来看，一国出口中所包含的其他国家的增加值（国外增加值）

$$FV_r = \sum_{s \neq r} V_s B_{sr} \hat{E}_r$$

从非对角线的行向量来看，其他国家向第三国出口的产品中所包含的本国的增加值（间接出口增加值）（其他国家以本国产品为中间投入品）

$$IV_r = \sum_{s \neq t} V_r B_{rs} \hat{E}_{st}$$

对角线部分则表示各国出口中的国内增加值

$$DV_r = V_r B_{rr} \hat{E}_r$$

同样，对于出口国，由出口所形成的增加值包括国内增加值和国外增加值，并且二者之和等于该国的出口。

3）贸易增加值

产品出口包括两方面：出口直接用于最终消费，出口用于他国的生产，王直（2010）将出口分为以下四个部分：

（1）用于其他国家的最终需求。

（2）用于其他国家满足自身最终需求的生产。

（3）用于其他国家的再加工，然后出口至第三国。

（4）用于其他国家的再加工，然后出口回本国。

但是本文采用 AIO 表，还存在如欧盟等外生国家，因此，我们将出口分为以下五个部分：

（1）用于其他内生国家的最终需求。

（2）用于其他内生国家满足自身最终需求的生产。

（3）用于其他内生国家的再加工，然后出口至第三国。

（4）用于其他内生国家的再加工，然后出口回本国。

（5）用于外生国家的需求。

因此，我们假定在 AIO 表中有 M 个国家，前 m 个为内生国家，一国对内生国家的出口可写为

$$E_r = Y_{rs} + A_{rs}X_s$$

$$= \underbrace{Y_{rs}}_{\substack{\text{fianl goods} \\ \text{exproted to s}}} + \underbrace{A_{rs}X_{ss}}_{\substack{\text{Intermediates finished} \\ \text{and consumed in s}}} + \underbrace{\sum_{t \neq r,s}^{m} A_{rs}X_{st}}_{\substack{\text{Processed and exproted to} \\ \text{thired endogenous countries}}} + \underbrace{A_{rs}X_{sr}}_{\substack{\text{Processed and} \\ \text{exproted back to r}}} + \underbrace{\sum_{l=m+1}^{M} A_{rs}E_{sl}}_{\substack{\text{Processed and exported to} \\ \text{exogenous countries}}}$$

因此，结合前文，一国出口的增加值则可按以下公式分解：

$$\mathrm{E_r} = \mathrm{DV_r} + \mathrm{FV_r}$$

$$= \underbrace{V_rB_{rr}\sum_{s \neq r} Y_{rs}}_{(1)} + \underbrace{V_rB_{rr}\sum_{s \neq r} A_{rs}X_{ss}}_{(2)} + \underbrace{V_rB_{rr}\sum_{s \neq r}\sum_{t \neq r,s}^{m} A_{rs}X_{st}}_{(3)}$$

$$+ \underbrace{V_rB_{rr}\sum_{s \neq r} A_{rs}X_{sr}}_{(4)} + \underbrace{V_rB_{rr}\sum_{s \neq r}\sum_{l=m+1}^{M} A_{rs}E_{sl}}_{(5)} + \underbrace{FV_r}_{(6)}$$

（1）表示国内增加值－包含在用于其他内生国家国内最终需求的出口中

（2）表示国内增加值－包含在用于其他内生国家本国生产的出口中

（3）表示国内增加值－包含在用于其他内生国家再生产，然后出口至第三国的出口中（间接国内出口增加值）

（4）表示国内增加值－包含在用于其他内生国家再生产，然后出口回本国的出口中（折返的国内增加值）

（5）表示国内增加值－出口到外生国家的国内增加值

（6）表示国外增加值－其他内生国家的增加值（出口的国外增加值）

（1）＋（2）＋（3）＋（5）＝表示一国出口到全球的增加值（value－added export）

（1）＋（2）＋（3）＋（4）＋（5）＝表示一国总出口中所包含的国内增加值（domestic content in a country's gross export）

$\frac{(1)+(2)+(3)}{gross\ export}$＝出口增加值占总出口的比重（ratio of value－added exports to gross exports，VAX ratio）

（4）＋（6）＝表示全值贸易统计中重复计算的部分，（增加值折返＋国外增加值）

在出口贸易中，仅仅本国的增加值出口至其他国家并且被其他国家消耗才是增加值出口，进口中间投入品的增加值为其他国家的国内增加值，不能当作进口国的增加值。

增加值折返部分应从出口的增加值中分离出来。

一国某产业进口的中间产品在进口国内可能被其他部门生产另一种或几种中间投入品，然后，才出口到其他国家，也就是说，一国进口中间投入品的增加值在产品出口之前会在进口国不同产业间流动，因此，上式仅仅反映出增加值的直接流动和第一轮的间接流动，进而可以认为上式直接和第一轮间接流动为增加值完全流动的近似值。

第六章

增加值贸易核算与中韩全球价值链合作研究

WTO 和 IDE－JETRO（2011）发现亚洲产业间存在着高度的互补性，这既是亚洲国家间经济相互依存加深的原因，同时也是亚洲经济依存度提高的结果。亚洲对于供应链和生产网络的依赖程度要远远高于其他地区，中间产品贸易的增长比最终产品贸易的增长要快得多。以增加值计算，1990—2012 年，亚洲区域内贸易平均每年增长 10% 以上，增速是亚洲之外地区的 2 倍，其中亚洲区内贸易额中 60%～65% 为中间产品贸易——在亚洲特别是东亚国际产业链中，日本、韩国等将中国作为生产链的终端，中国则需要从东亚较发达的经济体进口半成品和高技术零部件，同时从东盟进口能源、矿产等大宗物品，然后将制成品销往欧美发达国家，形成了一个完整的全球价值链循环。

过去的十年间，中韩双边贸易大幅增长。中国在 21 世纪初成为韩国第一大货物贸易伙伴，至今已遥遥领先于韩国其他贸易伙伴。2013 年，韩国对华进出口总额分别达到 830 亿美元和 1460 亿美元，双边贸易额超过美、日两国的对韩贸易总量。然而，在产业内贸易中，中、韩两国仍以垂直型产业内贸易为主，水平型产业内贸易滞后，导致双方价值链合作水平依然处于较低水平。

所以，增加值贸易不仅厘清了各国贸易真实的国别结构、依存度和失衡状况，还反映了全球价值链发展对新型国际产业分工、贸易格局要素跨境转移等方面的深刻影响。本章是基于作者 2016 年年初在韩国对外经济政策研究院（KIEP）做高级访问学者期间的项目成果，主要从全球价值链和贸易增加值的角度，采用世界投入产出数据库（WIOD）的数据（其中，本章所使用的 1995—2011 年中国制造业的投入产出数据均来自 WIOD 中的 WIOTs），以及 KWW（2014）方法，测度、比较和分析 1995—2011 年中韩增加值贸易动态变化过程和演变规律，并基于贸易增加值核算数据对贸易规模、产业关联程度和比较优势产业分析，提出了中韩进一步深化全球价值链伙伴关系与产业合作的政策含义。

一、增加值贸易核算方法与国际主要数据库

1. 传统总量贸易核算的弊端与新方法的出现

在全球价值链主导贸易新格局的大背景下，依据“原产地原则”进行的传统总量贸易统计至少存在两个弊端：第一，由于大量中间品贸易的存在，统计跨境总量贸易而非净增加值会产生大量重复计算；第二，由于没有反映出产品在生产环节的流动，所以双边贸易统计中包含了他国中间投入品的价值。如在“三角贸易模式”中，中国向美国的出口中就包含了大量从日本、韩国等东亚国家进口的中间投入品，迫切需要新的国际贸易统计方法。

因此，一种能够真实反映全球贸易运行和贸易秩序的全新核算方法——增加值贸易（Trade in Value Added）统计越来越受到关注。由于基于全球价值链的附加值统计方法是在统计各国价值贡献的时候，扣除了传统通关统计中的折返增加值，避免了重复计算，能够真实地反映出各国在全球贸易中的状况（某国在相应环节为某货物增加价值称为本国附加值，各国出口货物中由上游其他国家提供的附加值则称为外国附加值）。这样，每个国家（地区）出口货物中本国附加值和外国附加值的比例就反映了该国（地区）的贸易获益率。

增加值贸易的研究基础来源于垂直贸易（ Vertical Trade）。垂直贸易概念是 Hummels 等人于 1998 年提出后，随后由 Hummels 等人（2001）利用垂直专业化（ Vertical Specialization，VS）指标来测算一国直接或间接增加值出口，该方法简称为 HIY 方法。此后，Koopman、Powrs、Wang、Wei（2010）（KPWW）提出将国民账户核算体系中的增加值统计法（Value Added）与传统通关统计法，即含不同生产链中间投入品贸易的通关统计法（Gross Value）进行整合，通过构建全球多部门投入产出数据库，将国

内增加值统计从单一国家拓展至区域乃至全球，全方位地对一国贸易中国内与国外增加值进行估算。另一方面，KPWW 法将一国出口按用途区分，将国内附加值出口按其作为最终产品还是中间产品，进一步划分为直接用于进口商消费的最终产品和服务、用于进口商生产国内所需商品的中间产品、用于进口商生产第三国所需商品的中间产品、用于进口商生产本国所需商品的中间产品，从而避免了贸易增加值的重复计算，有效地改进了贸易统计方法。

2. 国际上增加值贸易核算的主要数据库

全球价值链与贸易增加值的发展与全球投入产出数据库的完善是分不开的。目前国际上开发了 6 个主要的多国投入产出数据库：WTO 基于 TiVA 数据库、欧盟的世界投入产出数据库（ WIOD）、经合组织的全球投入产出数据库、联合国贸易和发展组织开发的全球投入产出数据库（EORA）、美国普渡大学的 GTAP 数据库、日本经济研究所的亚洲国家投入产出数据库（ AIIOT）。

当前，国际上最常用的主要是欧盟委员会资助且由多个机构合作共同研究开发的 WIOD（World Input - Output Database）。WIOD 最早于 2012 年 5 月正式发布，该数据库由 5 个子数据库构成，其中和附加值贸易统计联系最为紧密的是世界投入产出表（ World Input - Output Tables，WIOTs）。WIOTs 提供了 1995—2011 年的投入产出数据，涉及的地区包括 27 个欧盟成员国、其他 13 个主要国家（地区）以及“世界其他地区”在内的 41 个经济体，35 个部门的 59 个产品组的投入产出情况。涉及的国家（或地区）GDP 总和占全球 GDP 的 85% 以上，因此可以很好地反映全球主要经济活动。与传统投入产出表不同的是，WIOTs 反映了连续时间序列形式的国家间的投入产出关系，同时，WIOT 中每个国家生产的中间品和最终使用品都被分解为国内生产提供和进口提供两部分。因此，WIOD 数据库的出现极大地推进了增加值贸易统计方法的发展，它为核算增加值贸易和分解一国出口中的增加值组成部分提供了极大的便利，是目前研究全球价值链或增加值贸易最有效的工具。

此外，国际组织采用 KPWW 法实施的贸易增加值核算项目还有经合组织（OECD）/ 世界贸易组织（WTO）全球投入产出数据库，覆盖 OECD 34 个成员国以及与 OECD 建立紧密伙伴关系的金砖国家及印度尼西亚，涵盖 18 个产业，以及联合国贸发会议（UNCTAD）全球价值链数据库，覆盖全球 187 个主要经济体，涉及 500 个产业。此外，美国的全球贸易分析数据库以及日本的研究亚洲 10 个主要经济体的投入产出数据库也颇具影响力。

3. 增加值贸易核算方法与数据来源

基于此，本章主要从全球价值链和贸易增加值的角度，采用世界投入产出数据库（WIOD）的数据，以及 KPWW 方法，对 1995—2011 年中国贸易增加值来源进行了分解，深入研究中国附加值贸易的价值流动、结构特征以及变化规律。特别是重点分析了韩国在中国价值链和增加值贸易中的地位和作用，并基于贸易增加值核算数据对中韩产业关联程度、产业依存度以及比较优势产业竞争力分析，提出了进一步促进中韩全球价值链合作与产业升级的政策建议。

KWW 法由（KWW，Zhi Wang，Shang－Jin Wei，2010，2013）提出，该方法是一种基于后向关联的测度法，从总出口的视角，将总出口分解为不同的增加值成分和重复计算项，进而实现总出口的完全分解。该方法能够将中间产品贸易分解，进而得到各国在各生产环节的贸易附加，这是其他方法所不具备的特点。

贸易增加值的核算方法（KWW，Koopman，2013），将一国的出口分为国内增加值和国外增加值，同时根据投入产出表的行向平衡关系，一国的总产出被用于中间需求和最终消费，并且中间需求可分为国内生产需求和国外生产需求出口，最终消费可分为国内最终消费和国外最终消费出口，再将出口按用途分为以下四大类：（1）用于直接进口国的最终需求；（2）作为中间品用于直接进口国满足自身最终需求的生产；（3）作为中间品用于直接进口国的再加工，然后出口到第三国；（4）作为中间产品用于直接进口国的再加工，再出口回本国。因此，最终可将一国出口所包含的国内增加值和国外增加值按出口用途进行细分，并扣除重复计算的国内和国外增加值，最终得到课题所需的国内增加值和国外增加值的各项结果。为了分析一国出口中国内增加值及国外增加值的含量，需要进一步将出口分解，其中，中间品的分解是关键。

二、中韩全球价值链竞争力与结构分析

1. 基于增加值贸易的中韩产业关联性分析

近些年，中韩贸易主要表现为产业内贸易，零部件及中间品贸易在中韩贸易中占比接近35%。金融危机之后的2009—2013年，两国中间品贸易增长了88%，远高于最终产品54%的增长，两国已经结成了更为紧密的价值链伙伴关系。

我们利用影响力系数和感应度系数来反映中韩的产业关联性及其影响。影响力系数是指国民经济某一产品部门增加一单位最终产品时，对国民经济各部门所产生的生产需求波及程度。影响力系数越大，该部门对其他部门的拉动作用也越大。感应度系数表示国民经济各部门都增加一单位最终需求时，某一部门由此受到的需求感应程度，也就是需要该部门提供的生产量。感应度系数越大，表示该部门受到其他部门需求的影响越大。

本章根据国家间投入产出表（ICIO）模型的行列平衡关系，得到完全消耗系数矩阵B和完全分配系数矩阵H，进而可计算得到影响力系数和感应度系数：

$$BL^{n} = \frac{\sum_{j}\sum_{i} b_{ij}^{nn}}{\sum_{m}\sum_{n}\sum_{i}\sum_{j} b_{ij}^{mn}/(N \times S)}$$

$$FL^{m} = \frac{\sum_{n}\sum_{j} h_{ij}^{mm}}{\sum_{m}\sum_{n}\sum_{i}\sum_{j} h_{ij}^{mn}/(N \times S)}$$

其中，BL_j^n 和 FL_i^m 分别表示 n 国的影响力系数和 m 国的感应度系数，N 和

S 分别表示经济体个数和产业个数。

从生产的角度来看，中国与韩国的关联在不断加强，中国对韩国的拉动和推动作用不断增强。一般来讲，产业拉动作用的大小可以用后向关联程度来衡量，后向联系是指某产业增加单位最终产品对下游行业的拉动，常用影响力系数来测度，影响力系数越大，则该产业对下游产业的拉动作用越强；推动作用则用前向关联程度来衡量，前向联系是指国民经济各部门都增加一单位的最终需求，某一部门所受到的需求感应程度，常用感应度系数来测度，感应度系数越大，则该产业对上游产业的推动作用越强。我们通过采用 WIOD 1995—2011 年国际投入产出表，测算中国与韩国的影响力系数和感应力系数，结果显示，1995—2011 年，中国的最终需求对韩国的拉动作用有限，反之，韩国的最终需求则对中国的拉动作用较大，且呈现出不断增强的趋势；同时，中国对韩国最终需求的感应程度较弱，而韩国对中国的感应程度则较高，也呈现出不断增强的趋势。

从产业结构来看，中国对韩国后向拉动作用较强的部门逐渐从低技术制造业向高技术制造业转移，1995—2002 年，中国对韩国后向拉动作用较强的部门主要为纺织业和纺织服装鞋帽皮革羽绒及其制品业，2007—2011 年则主要为橡胶和塑料制品业，通用专用设备制造业，电气机械及器材制造业和交通运输设备制造业。韩国对中国后向拉动作用较强的部门则呈现

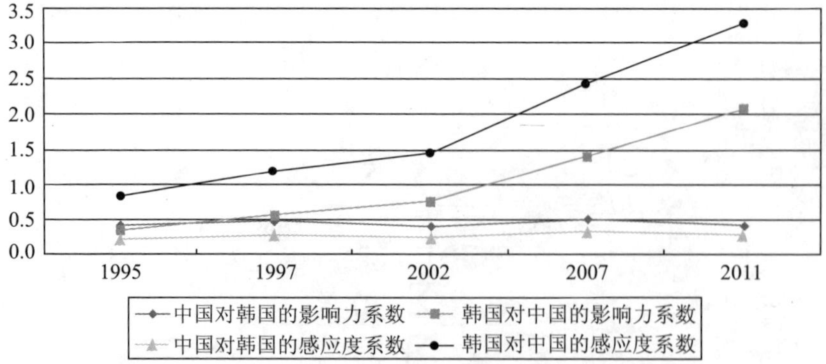

图 6-1 中韩两国间的产业关联性

出“低技术制造业低技术和中高技术制造业并存制造业和服务业并存”的变化趋势。1995—1997 年，韩国对中国后向拉动作用较强的部门集中在纺织业，纺织服装鞋帽皮革羽绒及其制品业和金属制品业，2002—2007 年，韩国对中国后向拉动作用较强的部门增加了通用专用设备制造业，电气机械及器材制造业和交通运输设备制造业等高技术制造业，并且高技术制造业对中国的拉动作用显著高于低技术制造业；到 2011 年，除上述制造业外，水上运输业成为韩国后向拉动中国最强的部门。

从前向关联程度来看，1995—2011 年中国对韩国的感应程度虽然不断增强，但水平仍然较低，感应度系数均小于 1，而韩国对中国的感应程度则远远高于中国且也呈现出不断增强的趋势，2011 年达到 3.3。从行业结构来看，1995—2011 年中国采矿业，纺织业，航空运输业，以及邮政通信业对韩国的感应程度逐渐减弱，而高技术制造业—电气机械及器材制造业以及水上运输业对韩国的感应程度则不断增强，2011 年，水上运输业、金属制品业和化学原料及化学制品制造业、化学纤维制造业为中国对韩国感应程度最高的三个部门。从韩国的角度来看，1995—2011 年，高技术制造业对中国的感应程度不断增强，而低技术制造业对中国的感应程度则不断减弱；另一方面，对中国的感应程度较高的部门呈现出由低技术制造业向中高技术制造业转移的趋势。1995 年，韩国的纺织业对中国的感应程度最高，其次为化学原料及化学制品制造业、化学纤维制造业，2011 年，化学原料及化学制品制造业、化学纤维制造业成为韩国对中国感应程度最高的部门，其感应系数达到 0.396，其次为航空运输业和电气机械及器材制造业，感应度系数分别为 0.356 和 0.305，其他对中国感应度高的部门还有石油加工、炼焦及核燃料加工业，橡胶和塑料制品业，金属制品业，纺织服装鞋帽皮革羽绒及其制品业。

作为亚洲生产网络的主要经济体，韩国的后向垂直专业化程度始终高于亚洲其他经济体，1995—2011 年，韩国的后向垂直专业化率分别为 47.3%及 24.0%、27.8%、28.2%、34.3%和 40.3%。韩国低技术制造业比高技术制造业后向参与全球价值链的程度更深，但不同部门存在较大的差异。韩国以后向方式参与全球价值链较深的部门主要为低技术制造业，如采矿业，造纸及纸制品业，印刷和记录媒介的复制业，金属制品业。而高技术制造业—电气机械及器材制造业后向参与全球价值链的程度却在减弱，1995—2011 年其后向垂直专业化分别为 18.7%、17.2%、17.5%、25.7%和 11.3%。

从韩国增加值进、出口的地区分布来看，亚太地区是韩国对外贸易的重点地区。2011 年，该地区分别占了 41.96%和 40.2%。其中，中国又是重中之重。从 2002 年起，韩国对中国的低技术制造业增加值进口开始逐年大于其出口；2008 年和 2011 年，韩国对中国的中低技术制造业增加值进口超过了其出口；2011 年，韩国对中国的中高和高级制造业增加值进口大于其出口。海关统计数据显示，2013 年，韩国向中国进口的主要产品是电子零配件的 IC 类中高端产品，这表明中韩贸易产业结构互补性减弱，替代性增强。随着中国生产技术水平的不断提高，中、韩两国的产业内贸易逐渐由垂直型产业内贸易向水平型产业内贸易转变，两国产品之间更具有竞争性。

在全球制造分工体系中，中国制造的优势主要体现在模块化和复杂的装备领域，前者如工程机械、家电、电子消费品，后者如通信设备、高铁、核电装备和水电装备等，而在一体化产品领域（如汽车、数控机床等流程一体化行业）以及工业基础原件等既有一体化特征有需要核心零部件领域相对缺乏优势。

以电机、电气设备为例，中国需从国外进口大量的零部件参与到国内的加工生产过程中，而通过加工生产所创造的增加值对提供零部件国家的国外贸易增加值贡献很大。这意味着韩国不仅从对中国的出口中获取了大量的直接增加值，同时也通过转移产业布局参与中国的加工贸易等生产格局的方式，获取了较大的间接增加值。特别是从 2011—2012 年的结构变化来看，这些因产业转移和加工贸易产生的产业间贸易，如电机、电气设备及其零部件等商品的出口比重进一步提高。这说明中国从韩国进口（即韩国向中国出口）的商品结构正在逐渐朝着更加专业化的方向发展，这也符合韩国经济发展的利益。

而作为后发国家的韩国，其技术能力主要体现在资本密集型产品领域，如半导体、平板和汽车灯。如果把技术能力进一步结构化为生产能力、创新能力和投资能力，则韩国制造业的独特性主要体现为高强度的技术学习能力以及在此基础上的投资能力。特别是韩国大型跨国公司可以进行大规模、持续性的技术设备和研发投资。例如，2014—2015 年，当全球主要半导体厂商缩减资本支出时，三星电子却在内存芯片、闪存芯片和应用处理器等领域进行大规模投资，总规模达到 100 多亿美元，这种看似“非理性”的 KBC 投资在其他国家的竞争领域几乎是不可能发生的。可见，韩国大企业扮演的创新基础设施投资角色是韩国制造业长期保持高强度创新的重要原因。由此看来，全球价值链分工的特点是生产最终品需要投入中间品，越高端的最终品就需要越复杂的中间品。而全球价值链的服务化特点在于越复杂的中间品包含的研发设计等服务要素越多。从贸易格局看，发达国家在中间品贸易上是提供者、出口国，发展中国家虽然可能凭借最终品出口取得贸易大国的地位，但由于在中间品贸易格局中是吸收者、逆差国，在关键零部件、复杂中间品方面主要是从发达国家进口，因而难称贸易强国。

韩国等成功的后发工业化国家经历了从中间品吸收者、进口国向提供者、出口国的转型升级。这些成功的后发工业化国家往往通过扩大服务业开放，利用更广泛的研发设计等进口服务提高了自身中间品的出口竞争力，推动中间品进出口结构不断优化，并不断朝着关键零部件、复杂中间品提供者的角色演进，最终凭借这些中间品的竞争力提高了自身生产最终品的竞争力。扩大服务业开放，对研发设计的引进、吸收和创新是中国制造走向中国创造的必然路径选择。

2. 基于增加值贸易核算的中韩产业结构竞争优势分析

国际竞争力是各个国家同类产业或同类企业之间相互比较的生产力，从一个国家特定产业参与国际市场竞争的角度看，特定产业的国际竞争力就是该产业相对于外国竞争对手的生产力的高低。目前，对于国际竞争力测算通常采用国际市场占有率、贸易竞争力和显示性比较优势。本章主要是做基于增加值贸易的中韩出口显性比较优势指数分析。

显性比较优势（Revealed Comparative Advantage，RCA）指数是由美国经济学家巴拉萨（Bela Balasa）提出，用于测算一经济体在哪些产业的出口竞争力更强，进而判断出该经济体在国际贸易中的比较优势。该指数是指一个经济体对某类商品的出口总额占该经济体出口总额的比重与该类商品出口额占世界总商品出口额比重之间的比率，用公式表示为

$$RCA_1^k = (X_1^k/X_1) / (X_w^k/X_w)$$

其中 RCA_1^k 表示经济体 I 在 k 类商品上的显性比较优势；X_1^k、X_1 分别为经济体 I 对 k 类商品的出口值和总出口值；X_w^k、X_w 分别为世界对 k 类商品的出口值和世界的总出口值。

当 RCA_1^k 的值小于 1 时，表明经济体 I 出口 k 类商品在国际市场上不具有比较优势；当 RCA_1^k 的值大于 1 时，表明该经济体的此类商品在国际市场上具有比较优势。国际竞争力相对较强；当 RCA_1^k 的值接近 1 时，表明中性的相对比较利益。进一步地，若 RCA 指数小于 0.8，表明该产品的国际竞争力较弱；RCA 在 0.8 与 1.25 之间，该产品的国际竞争力水平一般；RCA 在 1.25 与 2.5 之间，则该产品具有较强的国际竞争力；若 RCA 大于 2.5，则表明具有很强的竞争优势。

中国的比较优势主要依靠中低技术制造业，然而中高技术制造业的比较优势在不断增强。中国具有出口优势的部门主要为纺织业，纺织服装鞋帽皮革羽绒及其制品业，橡胶与塑料制品业和非金属矿物制品业等传统的中低技术制造业，且比较优势在不断下降。此外，中高技术制造业的出口优势在逐步凸显，主要表现为电气机械及器材制造业（1.39、1.29、1.68、2.58、2.58）。

韩国出口显示性比较优势最强的部门主要集中在高技术制造业及部分服务业：如电气机械及器材制造业（1.92、1.65、1.98、2.32、2.28），交通运输设备制造业（1.12、1.29、1.54、2.15、2.66），水上运输业

（3.66、3.80、3.97、3.09、2.85），以及零售和家用产品维修业（1.22、1.51、1.34、1.03、1.02），且比较优势不断增强。

另外，比较中韩服务贸易比较优势指数。从总体上看，韩国的服务贸易的显性比较优势大于中国，近十年来两国的 RCA 指数一直比较稳定，韩国的平均水平为 0.77，而中国只有 0.47，这表明韩国服务业的国际竞争力要优于中国。在全球价值链服务化的背景下，信息通信技术、金融和运输等国际服务成为协调跨国生产网络的关键中间投入品，封闭保护的服务业市场则会阻碍本国企业在全球价值链中地位的提高。韩国作为比较后发工业化国家经历了从中间品吸收者、进口国向提供者、出口国的转型升级。这些成功的后发工业化国家往往通过扩大服务业开放，利用更广泛的研发设计等进口服务提高自身中间品的出口竞争力，推动中间品进出口结构的不断优化。但是与欧美发达国家相比，除 2008 年韩国的 RCA 指数大于 0.8 外，其他年份两国都小于 0.8，这表明韩国服务贸易的国际竞争力尚未形成绝对的竞争优势。

表 6－1　WIOD 部门代码及名称

部门代码	部门名称
1	农、林、牧、渔业
2	采矿业
3	食品、饮料制造及烟草业
4	纺织业
5	皮革、毛皮、羽毛（绒）及鞋类制品业
6	木材加工及木、竹、藤、棕、草制造业
7	造纸及纸制品业、印刷和记录媒介的复制业
8	石油加工、炼焦及核燃料加工业
9	化学原料及化学制品制造业、化学纤维制造业
10	橡胶及塑料制品业
11	非金属矿物制品业
12	金属制品业
13	通用专用设备制造业

续表

部门代码	部门名称
14	电气和光学设备制造业
15	交通运输设备制造业
16	其他制造业及废弃资源和旧材料回收加工
17	电力、煤气及水的生产和供应业
18	建筑业
19	汽车及摩托车的销售、维护和修理以及燃油零售
20	批发业（不含汽车和摩托车）
21	零售（不含汽车和摩托车）及家用产品维修
22	住宿和餐饮业
23	内陆运输业
24	水上运输业
25	航空运输业
26	其他运输配套业务及旅行社业务
27	邮政与通信业
28	金融业
29	房地产业
30	租赁及商务服务业
31	公共管理和国防及社会保障业
32	教育
33	卫生和社会工作
34	其他社区、社会及个人服务业
35	私人雇用的家庭服务业

表 6－2　1995—2011 年基于贸易增加值的中国 RCA 指数

部门	1995	1997	2002	2007	2011
1	1. 26	0. 85	0. 65	0. 39	0. 35
2	0. 46	0. 35	0. 33	0. 07	0. 05
3	1. 00	1. 03	0. 67	0. 57	0. 53
4	4. 71	3. 86	3. 27	3. 79	3. 29
5	4. 98	4. 50	3. 87	3. 33	3. 51
6	1. 57	1. 34	0. 82	0. 93	0. 95

续表

部门	1995	1997	2002	2007	2011
7	0. 38	0. 43	0. 36	0. 22	0. 26
8	0. 35	0. 42	0. 60	0. 17	0. 14
9	0. 27	0. 68	0. 49	0. 61	0. 68
10	1. 91	2. 07	1. 56	1. 48	1. 64
11	1. 79	2. 06	1. 34	1. 16	1. 49
12	1. 11	1. 15	0. 95	0. 93	0. 83
13	0. 39	0. 42	0. 62	1. 02	1. 10
14	1. 39	1. 29	1. 68	2. 58	2. 58
15	0. 16	0. 19	0. 20	0. 41	0. 56
16	1. 23	1. 13	1. 96	1. 60	1. 62
17	1. 03	0. 86	0. 52	0. 22	0. 21
18	1. 74	0. 57	1. 23	1. 58	1. 51
19	0. 00	0. 00	0. 00	0. 00	0. 00
20	0. 00	1. 44	1. 71	1. 04	1. 06
21	0. 00	2. 31	2. 09	1. 38	1. 36
22	3. 34	2. 18	1. 92	1. 07	1. 07
23	0. 73	0. 39	0. 77	0. 45	0. 43
24	0. 54	0. 38	1. 43	1. 31	1. 46
25	1. 00	0. 76	1. 13	1. 18	1. 24
26	2. 08	1. 78	0. 39	0. 30	0. 30
27	0. 80	0. 94	0. 72	0. 83	0. 88
28	0. 09	0. 05	0. 02	0. 03	0. 04
29	0. 00	0. 00	0. 00	0. 00	0. 00
30	0. 14	0. 07	0. 50	0. 57	0. 60
31	0. 29	0. 14	0. 34	0. 18	0. 15
32	0. 75	0. 88	0. 33	0. 22	0. 21
33	1. 29	0. 61	0. 00	0. 60	0. 62
34	1. 89	2. 08	3. 03	0. 80	0. 83
35	0. 00	0. 00	0. 00	0. 00	0. 00

表 6-3　1995—2011 年基于贸易增加值的韩国 RCA 指数

部门	1995	1997	2002	2007	2011
1	0.28	0.16	0.11	0.06	0.05
2	0.01	-0.01	0.00	0.00	0.00
3	0.29	0.36	0.31	0.22	0.24
4	2.61	2.34	1.87	0.80	0.56
5	1.69	1.43	0.89	0.37	0.26
6	0.07	0.06	0.03	0.02	0.02
7	0.31	0.41	0.43	0.35	0.36
8	0.63	1.08	1.24	0.89	0.80
9	0.84	0.93	0.85	1.04	1.03
10	0.93	0.98	1.02	0.91	0.93
11	0.34	0.28	0.42	0.38	0.34
12	0.90	1.09	0.94	1.01	1.17
13	0.65	0.72	0.94	1.11	1.19
14	1.92	1.65	1.98	2.32	2.28
15	1.12	1.29	1.54	2.15	2.66
16	0.76	0.67	0.47	0.26	0.20
17	0.10	0.10	0.06	0.04	0.03
18	0.21	0.29	0.29	0.18	0.16
19	0.03	0.02	0.05	0.52	0.51
20	1.27	1.04	0.99	1.06	1.08
21	1.22	1.51	1.34	1.03	1.02
22	0.66	0.91	1.07	0.56	0.52
23	0.66	0.77	0.38	0.10	0.09
24	3.66	3.80	3.97	3.09	2.85
25	1.26	1.28	1.38	1.59	1.54
26	0.47	0.66	0.54	0.26	0.25
27	0.71	0.56	0.37	0.42	0.43
28	0.16	0.16	0.29	0.32	0.34
29	0.23	0.27	0.42	0.70	0.56
30	0.85	0.57	0.30	0.46	0.47
31	1.90	3.66	2.77	2.22	1.86

续表

部门	1995	1997	2002	2007	2011
32	0. 10	0. 15	0. 18	0. 14	0. 14
33	0. 05	0. 11	0. 33	0. 22	0. 22
34	0. 53	0. 62	0. 48	0. 48	0. 48
35	0. 00	0. 00	0. 00	0. 00	0. 00

三、中韩 FTA 对价值链可能带来的潜在效应与影响

区域贸易协定有助于扩大全球价值链的效应。当前，中韩 FTA 已经正式生效，这是中国迄今为止涉及国别贸易额最大、领域范围最为全面的自贸协定。协定范围涵盖货物贸易、服务贸易、投资和规则共 17 个领域，包含了电子商务、竞争政策、政府采购、环境等。从贸易覆盖范围来看，中韩 FTA 将中国自由贸易协定的贸易覆盖率（以出口计）从 26%（若剔除港澳台地区，签署前中国自由贸易协定贸易覆盖率为 17%，美国、欧盟已签署自由贸易协定，贸易覆盖率分别为 37%、27%，墨西哥、韩国高达 70% 以上）提升至 36%。根据协定内容，中国最终将有 91% 的产品对韩国取消关税，覆盖从韩国进口额的 85%；韩国最终将有 92% 的产品对中国取消关税，覆盖从中国进口额的 91%。2015 年 12 月 20 日，中韩自贸协定正式生效并第一次降税，2016 年 1 月 1 日实施第二次降税，涉及品目包括将在 5 年内实现零关税的 1679 个细目和 10 年内实现零关税的 2518 个细目。中韩 FTA 实施后，因双方市场开放而激发贸易投资创造效应和转移效应。

根据世界贸易组织第十届部长级会议达成的《信息技术协定》扩围协议，中国将从 2016 年 7 月开始下调电气设备、医疗设备、计量仪器的进口关税，并在 3 ~5 年内实现零关税。中方从韩中自由贸易协定的关税减让对象中除外的 22 个细目被列入《信息技术协定》。根据协定，高达 30% ~ 35% 的部分电视用摄像机和机顶盒关税将被取消，这将为韩国企业开拓中国市场提供转机。此外，由中国、韩国、印度参加的亚太贸易协定（AP-

TA）谈判上月达成协议。根据协议，中国2191个进口品目关税将享受关税优惠，平均减免幅度达33.1%。

目前来看，中韩FTA合作仍处于初级水平：

（1）整体关税优惠幅度较低。根据已达成的协议，韩国和中国将在20年内分别取消中国输韩92%的产品和韩国输中91%产品的关税，这一优惠幅度和韩国与美国、韩国与欧盟间的水平仍有差距。韩美承诺在近10年内将关税分别降低至98.3%和99.2%；韩欧则承诺分别降低至93.6%和99.6%。

（2）大量制造业产品仍保留关税。部分汽车、电子产品、钢铁和化工产品等仍保留一定的关税。如汽车和汽车零部件被排除在关税优惠名录之外，部分电子产品也不在关税减免范围内，如锂电池、液晶电视及OLED产品等。

（3）原产地政策较为严格。中韩自贸协定对贸易商品是否符合原产标准以及相应享受关税优惠进行了严格规定。要享受关税减免政策优惠，特定产品须符合原产地条件（RVC和CTC）。如果产品不能完全满足原产地条件，将无法获得关税优惠，这也意味着使用外来材料进行加工的产品无法享受关税减免待遇。原产地政策复杂，申请成本高，可能会导致企业选择缴纳关税而放弃获得FTA协议所带来的关税优惠。

未来如何通过FTA升级实现两国价值链的合作，强化双边价值链贸易关系，提升两国在全球价值链上的地位和双方产品在场上的竞争力也势在必行。

四、主要结论与政策含义

本章运用增加值核算的方法，利用世界投入产出数据库（WIOD），提出了各经济体参与全球价值链竞争的框架，特别是对作为最紧密价值链伙伴的中韩产业关联性和竞争力进行了分析，其主要结论及启示如下：

第一，由于制造业环节国际分割日益深化和中间品贸易的快速发展，世界各国最终产品的本地增加值比重总体上都呈现出下降趋势。因此，制造业最终产品本地增加值比重一定程度的下降并不等于制造业国际竞争力的下降。这一变化趋势实质是源于中国不断深度融入全球价值链的表现和结果。

第二，贸易伙伴国出口产品中包含的中国增加值的研究发现，在很多行业中国出口产品包含的外国增加值都大于外国出口产品包含的中国增加值，这种情况意味着其他国家通过中国出口产品获得的收益大于中国通过这些国家出口产品获得的收益。

第三，在全球生产网络与增加值贸易发展的背景下，一国产业升级也变得错综复杂，我们不能再局限于一个国家边界内研究产业升级。国际专业化分工快速发展所产生的推动力，将使一个国家的产业经济与其他国家产生前向或后向关联，从而促进全球价值链的深化发展。这种全球生产共享模式（Global Production Sharing Model）不仅使得不同主体对增加值贸易产生贡献，也促进了区域经济一体化。

第四，测算结果表明中韩贸易产业结构互补性减弱，替代性增强。随着中国生产技术水平的不断提高，中韩两国的产业内贸易逐渐由垂直型产业内贸易向水平型产业内贸易转变，两国产品之间更具竞争性，中韩需要构筑一种新型的竞争性合作机制。

第五，虽然中国在技术或资本密集型产品上的竞争优势明显低于韩国，中国出口的该类产品也往往是同类中的低端产品，而且加工贸易出口在其中占有很大的份额，但通过结果分析可知，相对其他两类产品的贸易互补程度而言，中韩两国在技术或资本密集型产品上的贸易互补性较高。因此，在对韩贸易中，中国应当在引进韩国技术或资本密集型产品的基础上进一步加强技术领域的合作，提高中国相关产业和企业的自主研发能力，推动中国贸易结构从“大进大出”转向“优进优出”。

从总体上看，中韩经济一体化程度并未达到双边贸易总量所显示的水平。未来中韩产业链深度合作的空间还很大。中韩都面临着结构性转型和全球价值链升级的重大挑战，这就更需要借助国际生产网络培育新的竞争优势，从利用自身要素成本竞争力转向利用跨国生产要素融合的价值链竞争力，因此，双方应把大力支持附加值贸易以及全球价值链合作升级作为共同的发展政策。

一是积极构筑更高水平的中韩价值链伙伴关系。从技术、产业和经营模式的角度看，韩国在新一代 IT 和新能源汽车等领域具有比较优势，而中国的比较优势则在于市场规模、人力资本、政策环境等方面。在这些行业，中韩两国可以促进缔结"产官学"战略性合作，共同制定技术标准，协力开发新产品。而在两国都不具国际比较优势的新能源、环境保护、BIO 新能源、新材料等领域，共同研究和合力开发的空间也是相当宽广。目前，两国的核心零部件生产能力和技术水平都低于美国，在全球分工结构和产业价值链上都处于中低端，完全有必要共同吸引和消化欧美的技术转移，共同参与技术特许标准的制定。

二是打造中韩 FTA 升级版。以降低贸易成本以及进入壁垒为切入点，提升中韩价值链合作水平。降低进入成本是提升全球价值链分工和国际产业合作水平的核心和关键环节。为了优化两国国际产业合作，要综合考虑降低生产成本、贸易成本、循环成本等，消除价值链壁垒，以提高贸易福利。

三是以中国"创新驱动型经济"和韩国"创造型经济"为重点，大力促进中韩公共部门和私人部门建立合作伙伴关系，加强和完善创新基础设施建设，扩大科技研发、技术转化、人力资本和知识资本投资，特别是通过对生产性服务业的发展投入，构建一体化的跨国界生产与产业集群，以大幅提升中韩在全球价值链上的国际竞争力。

四是积极推动形成亚欧"联通战略"。近年来中国正在践行一种"以联通为导向"（Connectivity - Oriented）的总体发展战略。中韩双方应利用双边和多边合作机制，推动"一带一路"与"欧亚倡议"的战略全面对接，促进区域经济合作。拓展双边贸易、投资、金融、综合交通网络等领域的合作，推动贸易投资自由化进程，深化在数字贸易、服务贸易、智能制造、绿色制造、新一代信息技术、海洋科技等新兴产业与技术方面的合作。通过已有的多边合作机制，推进实现统一的技术、产业、基础设施标准统一，共同开拓第三方市场。因此，未来高质量、高标准的合作有望促进"一带一路"及欧亚经济一体化。

附录：KWW 法简介及本章模型

根据投入—产出表的行向平衡关系，一国的总产出被用于中间需求和最终消费，并且中间需求可分为国内生产需求和国外生产需求出口，最终消费可分为国内最终消费和国外最终消费出口，即总产出 = 中间需求 + 国内最终消费 =（国内生产需求 + 国外生产需求出口）+（国内最终消费 + 国外最终消费出口）

1）以两国为例，每个国家都有 N 个部门，用公式表示则为

$$X_r = A_{rr}X_r + A_{rs}X_s + Y_{rr} + Y_{rs'} \quad r,\ s = 1,\ 2 \tag{1}$$

用矩阵表示则有

$$\begin{bmatrix} X_1 \\ X_2 \end{bmatrix} = \begin{bmatrix} A_{11} & A_{12} \\ A_{21} & A_{22} \end{bmatrix} \begin{bmatrix} X_1 \\ X_2 \end{bmatrix} \begin{bmatrix} Y_{11} + Y_{12} \\ Y_{21} + Y_{22} \end{bmatrix} \tag{2}$$

进一步改写则有

$$\begin{bmatrix} X_1 \\ X_2 \end{bmatrix} = \begin{bmatrix} A_{11} & A_{12} \\ A_{21} & A_{22} \end{bmatrix}^{-1} \begin{bmatrix} Y_{11} + Y_{12} \\ Y_{21} + Y_{22} \end{bmatrix} = \begin{bmatrix} B_{11} & B_{12} \\ B_{21} & B_{22} \end{bmatrix} \begin{bmatrix} Y_{11} + Y_{12} \\ Y_{21} + Y_{22} \end{bmatrix} \tag{3}$$

同时假定 V_r 为 r 国 $1 \times N$ 的直接增加值率系数行向量，因此我们定义

$\begin{bmatrix} V_1 & 0 \\ 0 & V_2 \end{bmatrix}_{2 \times 2N}$ 为两国增加值率系数矩阵

此时，将增加值系数矩阵与列昂惕夫逆矩阵相乘则得到增加值份额矩阵（VAS）

$$VAS = VB = \begin{bmatrix} V_1B_{11} & V_1B_{12} \\ V_2B_{21} & V_2B_{22} \end{bmatrix} \tag{4}$$

其中，V_1B_{11} 表示在国家 1 生产的产品中，国家 1 的增加值份额；V_2B_{21} 表示在国家 1 生产的产品中，国家 2 的增加值份额。因此对于 VAS 矩阵的第一列包括生产一单位国家 1 的所有增加值，对于第二列同理。根据这个原理，则有

$V_1B_{11}+V_2B_{21}=V_1B_{12}+V_2B_{22}$，$u$ 是 $1\times N$ 的单位向量。

因此，在国家间表中，一国的出口则包括中间品和最终产品，用公式表达为

$$E_r=\sum_{s\neq r}E_{rs}=\sum_s(A_{rs}X_s+Y_{rs}),r,s=1,2$$

两国的出口矩阵为

$$E=\begin{bmatrix}E_1 & 0\\0 & E_2\end{bmatrix}_{2N\times 2}$$

$$\hat{E}=\begin{bmatrix}\hat{E}_1 & 0\\0 & \hat{E}_2\end{bmatrix}_{2N\times 2}$$

其中，$\hat{E}_1$和$\hat{E}_2$分别为 E_1 和 E_2 的对角阵。

因此，各国各部门在全球价值链上的贸易增加值可以表示为

$$VB\hat{E}=\begin{bmatrix}V_1B_{11} & V_1B_{12}\\V_2B_{21} & V_2B_{22}\end{bmatrix}_{2\times 2N}\begin{bmatrix}\hat{E}_1 & 0\\0 & \hat{E}_2\end{bmatrix}_{2N\times 2N}=\begin{bmatrix}V_1B_{11}\hat{E}_1 & V_1B_{12}\hat{E}_2\\V_2B_{21}\hat{E}_1 & V_2B_{22}\hat{E}_2\end{bmatrix}_{2\times 2N} \tag{5}$$

对于国家1 而言，出口产品中所包含的国内增加值为 $V_1B_{11}\hat{E}_1$，国外增加值为 $V_2B_{21}\hat{E}_1$，并且二者之和等于该国的总出口；对于国家 2 同理。即

$$DV_r+FV_r=E_r$$

2）在三国或多国贸易下

根据前文分析，各国出口所产生的增加值为：

$$VB\hat{E}=\begin{bmatrix}V_1B_{11}\hat{E}_1 & V_1B_{12}\hat{E}_2 & V_1B_{13}\hat{E}_3\\V_2B_{21}\hat{E}_1 & V_2B_{22}\hat{E}_2 & V_2B_{23}\hat{E}_3\\V_3B_{31}\hat{E}_1 & V_3B_{32}\hat{E}_2 & V_3B_{33}\hat{E}_3\end{bmatrix}_{3\times 3N}$$

从非对角线的列向量来看，一国出口中所包含的其他国家的增加值

（国外增加值）为

$$FV_r = \sum_{s \neq r} V_s B_{sr} \hat{E}_r$$

从非对角线的行向量来看，其他国家向第三国出口的产品中所包含的本国增加值（间接出口增加值）(其他国家以本国产品为中间投入品）为

$$IV_r = \sum_{s \neq t} V_r B_{rs} \hat{E}_{st}$$

对角线部分则表示各国出口中的国内增加值

$$DV_r = V_r B_{rr} \hat{E}_r$$

同样，对于出口国，由出口所形成的增加值包括国内增加值和国外增加值，并且二者之和等于该国的出口。

3）贸易增加值

产品出口包括两方面：出口直接用于最终消费，出口用于他国的生产，王直（2010）将出口分为以下四个部分：

（1）用于其他国家的最终需求；

（2）用于其他国家满足自身最终需求的生产；

（3）用于其他国家的再加工，然后出口至第三国；

（4）用于其他国家的再加工，然后出口回本国。

但是本章采用 AIO 表，还存在如欧盟等外生国家，因此，我们将出口分为以下五个部分：

（1）用于其他内生国家的最终需求；

（2）用于其他内生国家满足自身最终需求的生产；

（3）用于其他内生国家的再加工，然后出口至第三国；

（4）用于其他内生国家的再加工，然后出口回本国；

（5）用于外生国家的需求。

因此，我们假定在 AIO 表中有 M 个国家，前 m 个为内生国家，一国对内生国家的出口可写为

$E_r = Y_{rs} + A_{rs} X_s$

$$= \underbrace{Y_{rs}}_{\substack{\text{final goods}\\ \text{exported to s}}} + \underbrace{A_{rs}X_{ss}}_{\substack{\text{Intermediates finished}\\ \text{and consumed in s}}} + \underbrace{\sum_{t \neq r,s}^{m} A_{rs}X_{st}}_{\substack{\text{Processed and exported to}\\ \text{thired endogenous countries}}} + \underbrace{A_{rs}X_{sr}}_{\substack{\text{Processed and}\\ \text{exported back to r}}} + \underbrace{\sum_{l=m+1}^{M} A_{rs}E_{sl}}_{\substack{\text{Processed and exproted to}\\ \text{exogenous countries}}}$$

因此，本章对 KPWW 方法进行优化，一国出口的增加值进行了 9 项分解：

$E_r = DV_r + FV_r$

$$uE^{s*} = \underbrace{V^sB^{ss}\sum_{r \neq s}^{G} Y^{sr}}_{(1)} + \underbrace{V^sB^{sr}\sum_{r \neq s}^{G} Y^{rr}}_{(2)} + \underbrace{V^s\sum_{r \neq s}^{G} B^{sr}\sum_{t \neq s,r}^{G} Y^{rt}}_{(3)}$$

$$+ \underbrace{V^s\sum_{r \neq s}^{G} B^{sr}Y^{rs}}_{(4)} + \underbrace{V^s\sum_{r \neq s}^{G} B^{sr}A^{rs}\ (I - A^{ss})^{-1}Y^{ss}}_{(5)} + \underbrace{V^s\sum_{r \neq s}^{G} B^{sr}A^{rs}\ (I - A^{ss})^{-1}E^{s*}}_{(6)}$$

$$+ \underbrace{\sum_{m \neq s}^{G} V^mB^{ms}\sum_{r \neq s}^{G} Y^{sr}}_{(7)} + \underbrace{\sum_{m \neq s}^{G} V^mB^{ms}\sum_{r \neq s}^{G} A^{sr}\ (I - A^{rr})^{-1}Y^{rr}}_{(8)}$$

$$+ \underbrace{\sum_{m \neq s}^{G} V^mB^{ms}\sum_{r \neq s}^{G} A^{sr}\ (I - A^{rr})^{-1}E^{r*}}_{(9)}$$

（1）表示最终产品出口到直接进口国的国内增加值（DVA_ FIN）；

（2）表示中间产品出口给直接进口国用于生产最终产品的国内增加值（DVA_ INT）；

（3）表示中间产品通过直接进口国再出口至第三国的国内增加值（DVA_ INTrex），根据（KWW，Zhi Wang，Shang – Jin Wei，2014）该项，又可按出口品的用途细分为以下三项：中间产品出口到直接进口国后再以中间产品形式出口到第三国用于生产国内最终产品的增加值（DVA_ INTrexI1）、中间产品出口到直接进口国用于生产最终产品再出口到第三国的增加值（DVA_ INTrexF）和中间产品出口到直接进口国生产中间产品出口到第三国，第三国用于生产最终产品再出口回直接进口国的增加值（DVA_ INTrexI2）；

（4）表示中间产品出口到国外，经过加工后以最终产品的形式再进口回本国的增加值（RDV_ FIN），是折返增加值的一部分，根据（KWW，Zhi Wang，Shang – Jin Wei，2014）该项又可进一步分解为中间产品出口到直接进口国用于生产最终产品再进口回本国的增加值（RDV_ FIN1）和中间产品出口到直接进口国用于生产中间品出口到第三国，第三国用到生产最终产品再出口回本国的增加值（RDV_ FIN2）；

（5）表示中间产品出口到国外加工后再以中间产品的形式进口回本国的增加值（RDV_ INT），也是折返增加值的一部分；

（6）表示国内增加值中的重复计算部分（DDC），根据（KWW，Zhi Wang，Shang - Jin Wei，2014）该项，又可以分解为最终产品出口形成的重复计算（DDC_ FIN）和中间产品出口形成的重复计算（DDC_ INT）；

（7）表示最终产品出口中的国外增加值（FVA_ FIN），又可分解为最终产品出口中直接进口国的增加值（MVA_ FIN）和最终产品出口中其他国家的增加值（OVA_ FIN）；

（8）表示中间产品出口中的国外增加值（FVA_ INT），进一步可分解为中间产品出口中直接进口国的增加值（MVA_ INT）和中间产品出口中其他国家的增加值（OVA_ INT）；

（9）表示国外增加值中的重复计算部分（FDC），包括直接进口国出口形成的重复计算（MDC）和其他国家出口形成的重复计算（ODC）。在出口贸易中，仅仅本国的增加值出口到其他国家并且被其他国家消耗才是增加值出口，进口中间投入品的增加值为其他国家的国内增加值，不能当做进口国的增加值。

增加值折返部分应从出口的增加值中分离出来，一国某产业进口的中间产品在进口国内可能会被其他部门生产另一种或几种中间投入品，然后才出口到其他国家。也就是说，一国进口中间投入品的增加值在产品出口之前会在进口国的不同产业间流动，因此，上式仅仅反映出增加值的直接流动和第一轮的间接流动，进而可以认为上式直接和第一轮间接流动为增加值完全流动的近似值。

附表

表 1　2015 年韩国贸易差额主要来源

单位：百万美元

国家和地区	2015 年	上年同期	同比（%）
总值	90353	47150	91.6
主要顺差来源			
中国	46904	55205	-15.0
中国香港	28921	25507	13.4
美国	25815	25002	3.3
越南	17971	14361	25.1
印度	7791	7508	3.8
马绍尔群岛	7467	7991	-6.6
墨西哥	7420	7578	-2.1
新加坡	7079	12447	-43.1
土耳其	5459	6010	-9.2
菲律宾	5081	6701	-24.2
主要逆差来源			
日本	-20258	-21585	-6.2
卡塔尔	-15802	-24819	-36.3
德国	-14730	-13728	7.3
沙特阿拉伯	-10091	-28407	-64.5
科威特	-8039	-14916	-46.1

资料来源：中国商务部。

表 2　2015 年韩国五大类出口商品的国别/地区构成

单位：百万美元

HS84-85：机电产品

国家和地区	金额	同比（%）	占比（%）
中国	67794	2.8	33.8
美国	24601	-1.0	12.3
中国香港	20856	16.3	10.4
越南	15196	43.5	7.6
日本	7826	-12.5	3.9

资料来源：中国商务部。

HS86－89：运输设备

国家和地区	金额	同比（%）	占比（%）
美国	25414	9.7	23.1
马绍尔群岛	7491	－7.0	6.8
中国	6864	－13.4	6.2
挪威	4674	204.4	4.2
英国	4450	106.1	4.0

资料来源：中国商务部。

HS72－83：贱金属及制品

国家和地区	金额	同比（%）	占比（%）
中国	7384	－9.5	16.7
美国	5517	－25.8	12.5
日本	3877	－23.6	8.8
越南	2891	4.9	6.6
印度	2583	－0.7	5.9

资料来源：中国商务部。

HS39－40：塑料、橡胶

国家和地区	金额	同比（%）	占比（%）
中国	9846	－12.1	28.3
美国	3747	0.5	10.8
越南	2010	7.5	5.8
日本	1591	－18.4	4.6
中国香港	1583	－5.4	4.6

资料来源：中国商务部。

HS28－38：化工产品

国家和地区	金额	同比（%）	占比（%）
中国	15207	－14.3	44.4
日本	2269	－10.4	6.6
美国	2202	－13.0	6.4
中国台湾	2106	－25.9	6.2
越南	1084	5.0	3.2

资料来源：中国商务部。

表 3　2015 年韩国五大类进口商品的国别/地区构成

单位：百万美元

HS84－85：机电产品

国家和地区	金额	同比（%）	占比（%）
中国	41874	7.6	33.7
日本	16051	－7.5	12.9
美国	14457	－1.9	11.6
中国台湾	13060	12.6	10.5
德国	6157	－16.5	5.0

资料来源：中国商务部。

HS25－27：矿产品

国家和地区	金额	同比（%）	占比（%）
沙特阿拉伯	18485	－47.5	15.9
卡塔尔	16167	－36.2	13.9
澳大利亚	11600	－27.0	10.0
科威特	8939	－46.8	7.7
俄罗斯	8771	－30.4	7.5

资料来源：中国商务部。

HS72－83：贱金属及制品

国家和地区	金额	同比（%）	占比（%）
中国	12802	－12.8	32.9
日本	7197	－26.8	18.5
美国	2666	－20.2	6.8
智利	1516	－18.5	3.9
澳大利亚	1069	－0.3	2.7

资料来源：中国商务部。

HS28－38：化工产品

国家和地区	金额	同比（%）	占比（%）
日本	7990	－17.8	22.1
中国	6668	－4.9	18.4
美国	5771	－2.6	16.0
德国	2942	－2.0	8.1
新加坡	1019	－12.5	2.8

资料来源：中国商务部。

HS86－89：运输设备

国家和地区	金额	同比（%）	占比（%）
德国	6885	17.5	32.3
美国	4098	54.5	19.2
中国	2052	7.1	9.6
日本	2025	－2.5	9.5
法国	1368	－23.0	6.4

资料来源：中国商务部。

表4　2015年韩国对中国出口主要商品构成（章）

单位：百万美元

HS编码	商品类别	2015年	上年同期	同比（%）	占比（%）
章	总值	137140	145288	－5.6	100.0
85	电机、电气、音像设备及其零部件	52666	51182	2.9	38.4
90	光学、照相、医疗等设备及零部件	19258	20351	－5.4	14.0
84	核反应堆、锅炉、机械器具及零件	15128	14758	2.5	11.0
29	有机化学品	10079	13440	－25.0	7.4
39	塑料及其制品	9064	10314	－12.1	6.6
87	车辆及其零部件，但铁道车辆除外	6353	7435	－14.6	4.6
27	矿物燃料、矿物油及其产品；沥青等	4893	7799	－37.3	3.6
72	钢铁	3078	3907	－21.2	2.2
74	铜及其制品	1577	1619	－2.6	1.2
28	无机化学品；贵金属等的化合物	1315	1120	17.4	1.0
33	精油及香膏；香料制品及化妆盥洗品	1191	598	99.2	0.9
73	钢铁制品	1077	1055	2.1	0.8
38	杂项化学产品	900	982	－8.4	0.7
32	鞣料；着色料；涂料；油灰；墨水等	824	801	2.9	0.6
40	橡胶及其制品	782	889	－12.1	0.6
76	铝及其制品	589	614	－4.1	0.4
54	化学纤维长丝	474	549	－13.6	0.4
89	船舶及浮动结构体	451	440	2.7	0.3
94	家具；寝具等；灯具；活动房	447	514	－12.9	0.3
82	贱金属器具、利口器、餐具及零件	433	432	0.3	0.3

续表

HS 编码	商品类别	2015 年	上年同期	同比（%）	占比（%）
37	照相及电影用品	379	317	19.4	0.3
60	针织物及钩编织物	373	459	-18.7	0.3
70	玻璃及其制品	354	359	-1.5	0.3
83	贱金属杂项制品	296	321	-7.8	0.2
55	化学纤维短纤	274	355	-22.8	0.2
41	生皮（毛皮除外）及皮革	271	291	-7.0	0.2
19	谷物粉、淀粉等或乳制品；糕饼	266	235	13.0	0.2
62	非针织或非钩编的服装及衣着附件	249	266	-6.5	0.2
34	洗涤剂、润滑剂、人造蜡、塑型膏等	236	227	3.9	0.2
59	浸、包或层压织物；工业用纺织制品	235	268	-12.5	0.2
	合计	133511	141896	-5.9	97.4

资料来源：中国商务部。

表 5　2015 年韩国对中国进口主要商品构成（章）

单位：百万美元

HS 编码	商品类别	2015 年 1—12 月	上年同期	同比（%）	占比（%）
章	总值	90237	90082	0.2	100.0
85	电机、电气、音像设备及其零部件	31672	28444	11.4	35.1
84	核反应堆、锅炉、机械器具及零件	10202	10461	-2.5	11.3
72	钢铁	6884	8903	-22.7	7.6
90	光学、照相、医疗等设备及零部件	4324	4089	5.7	4.8
73	钢铁制品	3654	3531	3.5	4.1
29	有机化学品	2441	2647	-7.8	2.7
62	非针织或非钩编的服装及衣着附件	2199	2306	-4.7	2.4
39	塑料及其制品	2198	2068	6.3	2.4
28	无机化学品；贵金属等的化合物	2020	2007	0.7	2.2
94	家具；寝具等；灯具；活动房	1871	1703	9.8	2.1
87	车辆及其零附件，但铁道车辆除外	1463	1450	0.9	1.6
61	针织或钩编的服装及衣着附件	1192	1180	1.0	1.3
64	鞋靴、护腿和类似品及其零件	1132	1198	-5.5	1.3
38	杂项化学产品	1048	1177	-11.0	1.2

续表

HS 编码	商品类别	2015 年 1—12 月	上年同期	同比（%）	占比（%）
03	鱼及其他水生无脊椎动物	1006	1014	-0.8	1.1
70	玻璃及其制品	1003	1115	-10.1	1.1
95	玩具、游戏或运动用品及其零附件	888	846	5.0	1.0
76	铝及其制品	887	749	18.3	1.0
68	矿物材料的制品	869	843	3.2	1.0
42	皮革制品；旅行箱包；动物肠线制品	824	890	-7.5	0.9
69	陶瓷产品	782	789	-0.9	0.9
44	木及木制品；木炭	657	717	-8.5	0.7
54	化学纤维长丝	566	617	-8.3	0.6
07	食用蔬菜、根及块茎	543	475	14.3	0.6
89	船舶及浮动结构体	539	410	31.5	0.6
27	矿物燃料、矿物油及其产品；沥青等	506	906	-44.1	0.6
81	其他贱金属、金属陶瓷及其制品	444	452	-1.8	0.5
74	铜及其制品	437	558	-21.6	0.5
48	纸及纸板；纸浆、纸或纸板制品	435	451	-3.4	0.5
32	鞣料；着色料；涂料；油灰；墨水等	432	459	-5.9	0.5
	合计	83119	82456	0.8	92.1

资料来源：中国商务部。

表 6　韩国对中国主要投资产业

%

产业＼年份	1992	2000	2005	2011
制造业	1.2	5.8	23.0	27.7
服务业	0.01	0.7	0.4	4.6
专项、科学及技术服务业	0.0	0.01	0.1	3.2
批发及零售业	0.0	0.6	1.7	2.1

资料来源：韩国进出口银行（www.koreaexim.go.kr）。

表7　韩国对中国出口的十大产品变化

%

排名	1992年		2000年		2011年	
	品种	比重（%）	品种	比重（%）	品种	比重（%）
1	钢铁板	15.8	石油制品	9.1	平板电视屏	15.1
2	合成树脂	11.3	合成树脂	8.5	半导体	11.8
3	钢筋	8.9	电子管	6.7	石油制品	8.2
4	皮革	5.3	钢筋板	6.0	合成树脂	5.5
5	人造纤维	4.9	皮革	4.1	石油化学合纤原料	3.4
6	人造纤维织物	3.7	电脑	4.0	汽车零件	3.3
7	纸制品	3.4	其他织物	3.3	无线通信机器	3.2
8	石油及化学机器	2.9	半导体	3.1	石油化学中间原料	2.8
9	石油制品	2.8	石油化学合纤原料	3.1	基础馏分	2.7
10	其他石化制品	2.6	石油化学中间原料	2.8		2.4

资料来源：韩国贸易协会（www.kita.net）。

第七章

以全球价值链合作推进“一带一路”建设

扭转世界经济持续性放缓甚至衰退的根本在于在提高全球经济体生产力，改进资本和技术的错误配置，扩大全球软硬件基础设施投资，提升全球价值链分工。特别需要加强国际产能合作，重构全球价值链。未来我们应着眼于构建“一带一路”的全球价值链合作机制，这不仅为促进中国产业转移与产业升级提供了机遇，也势必将推动新一轮全球贸易的繁荣增长。

一、全球第三大贸易中心的潜力与发展机遇

古代连接东西方的交通道路，有海陆两途。陆路东端起自中国渭水流域，向西沿河西走廊，进入中亚、南亚、西亚，乃至欧洲、北非，在公元前二世纪已经形成。在东西方交往漫长岁月里，大量的中国丝织品皆经此路运销西方，故 19 世纪 70 年代德国地理学家、地质学家李希霍芬（Richthofen，Fendinand Von）在《中国旅行记》（第 1 卷）称之为“丝绸之路”，海路则因之被称为海上丝绸之路。

历史上，丝绸、瓷器、茶马和香料是流通在丝绸之路上的四中大规模贸易产品。价值链最长的是丝绸，位于价值链顶端的也是丝绸，这也是德国地理学家李希霍芬（Richthofen）将其命名为“丝绸之路”的根本原因。所以“丝路”很大程度上代表这一个贸易的符号，代表着长期以来的亚欧贸易的繁荣。

当前，“一带一路”战略的提出更有有其深刻的国际经济贸易调整大背景，区域经济一体化持续深化，国际贸易投资格局正处于深刻的调整之中，世界各国处于发展转型的关键阶段，需要进一步激发发展潜力，需求合作发展的动力。“一带一路”是一个跨越亚欧、强调与相关各国打造互利共赢的

重大倡议，更是一个推动新一轮经济全球化的重大倡议。

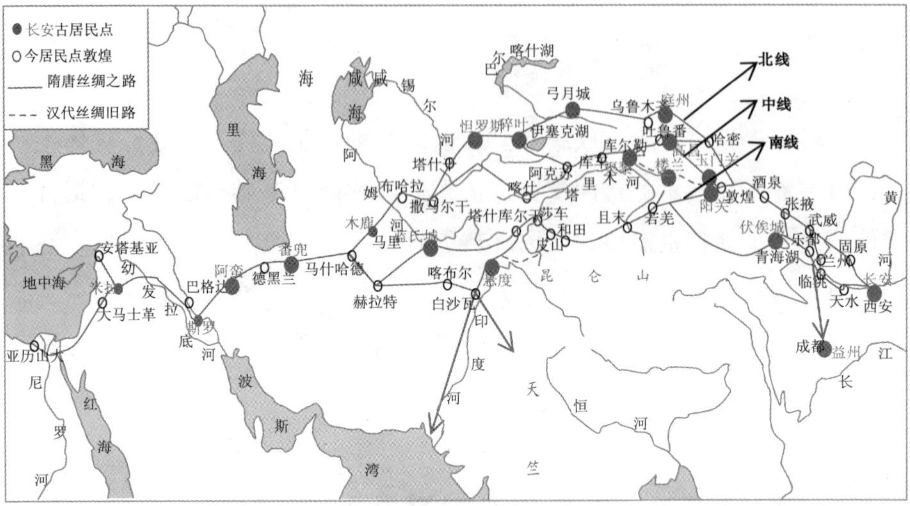

图 7－1　古代丝绸之路示意图

全球战略家、美国国家情报委员会顾问、新加坡国立大学李光耀公共政策学院高级研究员帕拉格·康纳著的《超级版图：全球供应链、超级城市与新商业文明的崛起》一书，宣示了在互联互通的动力影响下，全球体系得以依照全新的组合和竞争逻辑重建，并因此实现持久和平的前景。他认为，互联互通已经取代区隔成为全球组织新的范式。随着工业经济时代基础设施的衰落，新一轮基础设施建设热潮在全球兴起，大范围地连通各个国家和地区、各大洲，其中涉及的建设、融资、管理也均超越了国界，形成了真正意义上的基础设施联盟。超级都市、高速公路、铁路线、油气管道、通信光缆等象征着全球网络文明的标志，将密密麻麻遍布全球，将几乎所有的经济体的利益密切连接在一起。

就其本质而言，“一带一路”合作框架可以看作一种新型的“贸易协同战略”和“联通战略”。21 世纪初，经济全球化加速发展以来，特别是全球金融危机以来世界经济格局从“中心—外围”单循环体系向“双环流”体系转换，其经贸基础即“新南南合作”机制。新南南合作是针对以往单循环格局下发展中国家在世界经济边缘开展的传统南南经济合作而言的，这一合作，无论从背景、内容还是形式、意义来说都大大超越了传统的南南合作。在这种贸易协同战略下，中国与“一带一路”区域的贸易模式必将进行新的调整，这种调整包括：贸易与直接投资和产业转移的融合与互动，从产业间贸易向产业内贸易的转变，贸易结构与贸易条件的重新调整，通过制度性安排保障推进贸易与投资关系的协同发展。

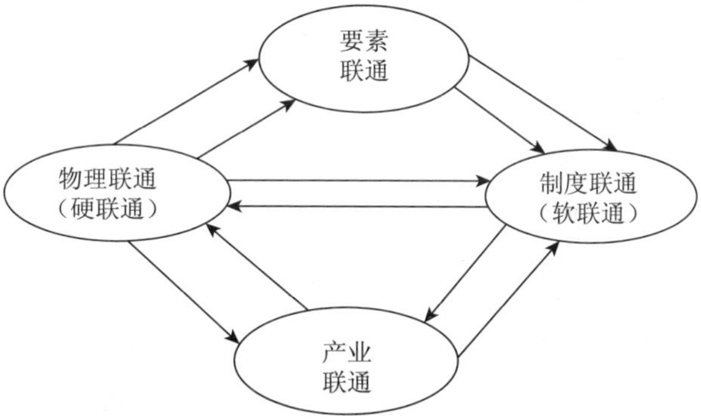

图 7－2　“一带一路”联通战略示意图

当前，中国正在从区域性大国迈向全球性大国，已深刻地融入了世界经济体系之中。中国连续多年是全球经济增长的重要贡献者。1979 年，中国在世界经济总量中的比重仅为 0.92%，还不足 1%。2014 年，中国国内生产总值已经突破 10 万亿美元，达到 10.4 万亿美元，占世界 GDP 的 13.82%，是仅次于美国的世界第二大经济体。2014 年，中国经济对世界经济增长的贡献率为 27.8%，是该年度对世界经济增长贡献最大的国家。在 2015 年，即便中国经济增长放缓，中国对世界经济的贡献率也达到了 30%，对全球和区域产生了越来越大的外溢效应。

从更深的层次看，2008 年以来，全球贸易体系正经历自 1994 年乌拉圭回合谈判以来最大的一轮重构。从全球经济贸易格局看，全球市场存在着两个有着强烈区域特征的贸易中心，其一是大西洋贸易轴心；其二是太平洋贸易轴心。进入 21 世纪以来，世界经济发展的最突出特点是包含亚洲、拉美、非洲的大多数发展中国家和新兴经济体的整体性发展壮大。“一带一路”沿线国家以发展中国家为主，近年来这一区域的经济增长尤为显著。“一带一路”地区覆盖总人口约46亿（超过世界人口的60%），GDP总量达20万亿美元（约占全球的1/3）。1990—2013年，“一带一路”区域整体GDP年均增长速度达到5.1%，相当于同期世界经济增速的2倍。即便是2010—2013年全球经济缓慢增长期间，“一带一路”区域的年均增速也达到了4.7%，高于世界平均的2.4%，对世界经济增长的贡献率达到41.2%。世界银行数据进一步显示，国际金融危机后的2010—2013年期间，“一带一路”对外贸易、外资净流入年均增长速度分别达到13.9%和6.2%，比全球平均水平高出4.6个百分点和3.4个百分点。

中国与“一带一路”沿线国家的贸易关系日益紧密，虽然贸易规模相对还较小，但贸易增速较快，区域内贸易互补性强于贸易竞争性。从增速看，近年来中国与中亚5国的贸易总额增速最快，2001—2014年年均增速高达29.8%，高于同期中国与“一带一路”沿线国家贸易总额平均增速22%，中国与中亚区域的贸易往来主要集中于资源产品、能源产品和劳动密集型工业制成品，进出口贸易呈现互补性特征，未来贸易潜力巨大。

“一带一路”倡议下的经贸合作取得了较大进展。2015年，中国同“一带一路”沿线国家进出口贸易总额近1万亿美元（9955亿美元），同比增长25%，其中出口增长27%，进口增长22. 7%。远超过2015年中国进出口贸易下降8%的水平。截至2015年，中国同“一带一路”沿线国家进出口贸易总额近1万亿美元（9955亿美元），同比增长25%，其中出口增长27%，进口增长22.7%。远超过2015年中国进出口贸易下降8%的水平。

在可以预见的未来，“一带一路”区域很可能形成除大西洋贸易中心和太平洋贸易轴心之外，新的以亚欧为核心的全球第三大贸易轴心。

“以联通为导向”（Connectivity - oriented）的总体发展战略——“一带一路”战略也使得中国贸易结构逐渐从“大进大出”转向“优进优出”。“一带一路”以推动实现区域内政策沟通、道路联通、贸易畅通、货币流通、民心相通为重点，促进开放型经济新体制建立，包括基础设施互联互通、能源资源合作、园区和产业投资合作、贸易及成套设备出口等领域，将依托沿线基础设施的互通互联，对沿线贸易和生产要素进行优化配置，形成以“周边为基础加快实施自由贸易区战略”和“面向全球的高标准自贸区网络”。由于沿线各国资源禀赋各异，经济互补性较强，彼此合作的潜力和空间很大。在国家区域自贸战略以及互联互通进程的大力推动下，中国制造业，特别是装备制造业、高铁等行业“走出去”的步伐越来越快，未来需要进一步通过异地投资、兼并重组、国际产业技术联盟、参与全球创新网络等手段，实现由产品输出到产品、技术、资本、服务输出的转变，实现中国产业链的整体升级。与此同时，根据劳动力成本和各国的自然资源禀赋相对比较优势，未来，中国劳动力密集型行业和资本密集型行业有望依次转移到周边及“一带一路”沿线国家，带动沿线国家产业升级和工业化水平提升，完成中国全球价值链的重构。

二、推进“一带一路”价值链与国际产业合作的现实基础

近年来，全球价值链、产业链和供应链对国际生产、国际贸易和国际投资产生了深远的影响，让全球市场的依存度日益加深。国际分工越来越表现为相同产业不同产品之间和相同产品内不同工序、不同增值环节之间的多层次分工。国际分工的范围和领域不断扩大，逐渐由产业间分工发展为产业内分工，进而演进为产品内分工为主的国际分工体系。以产品内部分工为基础的中间投入品贸易称为产品内贸易，从而形成了“全球价值链”体系。

中国最初是以加工贸易的方式和垂直专业化分工参与全球价值链体系的。改革开放以来，我国的加工贸易一直处于较明显的优势地位，但国际金融危机后其占比却呈下降趋势，而一般贸易则在波动中总体表现为上升趋势，增长速度超过加工贸易，两者之间的差距不断缩小，2009年一般贸易实现反超。以加工贸易持续快速增长为标志，中间品贸易占

对外贸易的比重也随之大幅上升。我国加入 WTO 的十多年来，中间品货物贸易量的年均增速明显高于消费品和资本品。中国中间品贸易表现在两个方面：一是使用本国的廉价资源和劳动力禀赋，生产层次较低的中间投入品再输往国外；二是从国外进口中间投入品，利用本国的劳动力禀赋对其进行加工和组装，生产成最终产品或中间品后出口到国外（即加工贸易），加工贸易已经成为中国融入全球生产网络的主导模式。也正是得益于以全球价值链为主导的新型国际分工模式，中国可以在较短时间内发展成为规模与深度兼具的制造基地，在制造业的大多数部门和生产环节都具有较强的生产能力，特别是在电子、汽车、机械等以产品内分工为主的部门，形成了较为完整的产业链和产业集群，吸引了越来越多的国际产业转移。

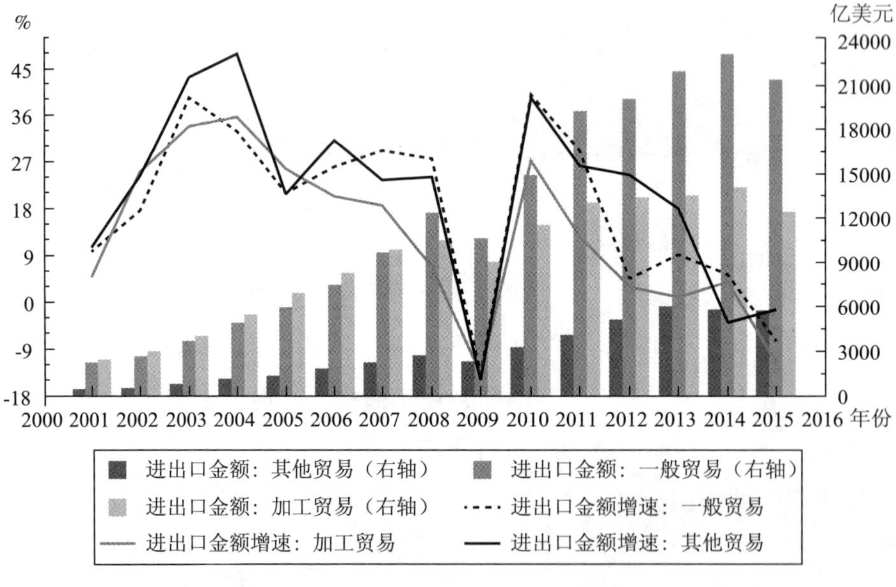

图 7－3　“入世”以来中国进出口贸易结构增长变化情况

资料来源：中国海关总署。

中国已越来越深度地融入全球价值链之中。自 2009 年起，中国已连续多年成为全球最大的货物出口国，出口总额已经占世界贸易总额的 11% 左右。2011 年，中国贸易增加值迅速增长到 15744.2 亿美元，超越德国和美国，成为全球主要经济体贸易增加值最大的经济体。从贸易增加值的增速来看，1995—2011 年，中国的贸易增加值年均增速最高，达到了 16.3%，远远高于全球 7.3% 的增速，成为全球价值链的最大受益者之一。

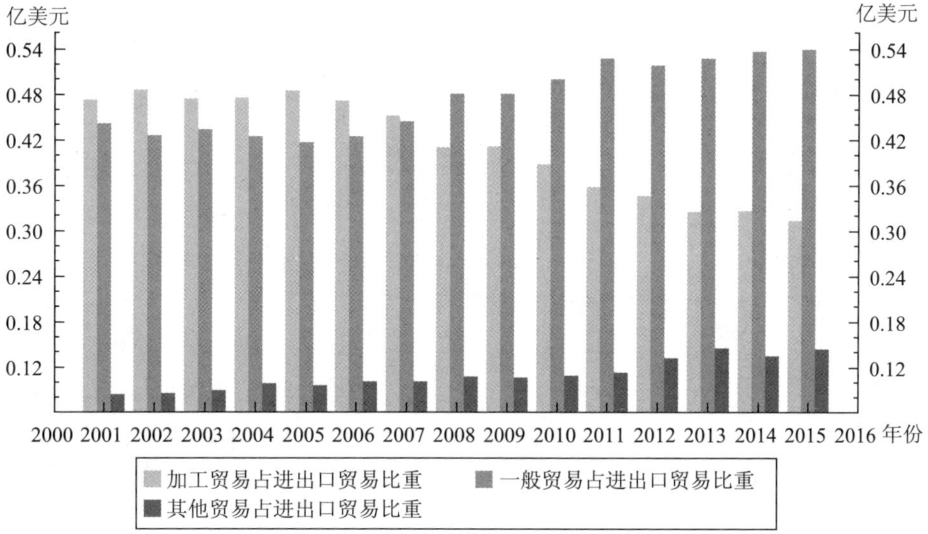

图 7－4　中国一般贸易超过加工贸易占主导地位

资料来源：中国海关总署。

中国具备了深化“一带一路”价值链与国际产能合作的基础。一方面，“一带一路”倡议下的经贸合作取得了较大进展。2015 年，中国同“一带一路”沿线国家进出口贸易总额近 1 万亿美元（9955 亿美元），同比增长 25%，其中出口增长 27%，进口增长 22.7%，远超过中国进出口贸易下降 8% 的水平。2015 年底，中国投资了沿线 65 个国家中的 49 个国家，共计 150 亿美元，同比增长 18%。项目投资增长较快，截至 2015 年底，中国同沿线 65 个国家中的 60 个国家共签订约 4000 个（3987 个）基础设施合同，总金额达 926 亿美元，占当年中国同全球所签订合同总额的 44%，同比增长 7.4%。其中项目投资主要分布于电力工程、交通运输、石油化工、通信工程等领域。境外经贸合作区是推进国际产能与装备制造合作的有效平台，已成为促进中国和东道国经贸合作双赢的重要载体。

目前，中国已经在全球50多个国家设立了118个境外经贸合作区，共有2799家中资企业入驻。在65个国家中，现有23个国家设立了77个境外合作区，共有900家中资企业入驻，签下3975个各类项目，年产值超过200亿美元，为当地提供了20万个就业岗位，上缴税收共计10亿美元。还有25个国家希望同中国建立36个境外经贸合作区。

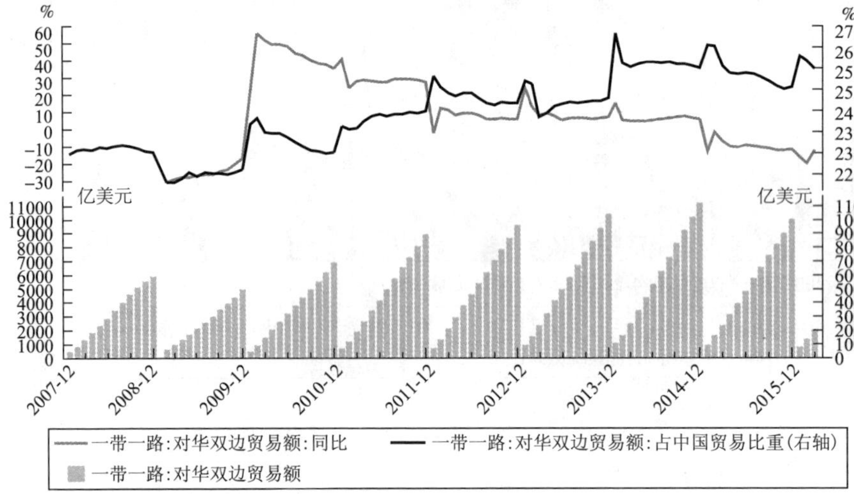

图7-5 中国与“一带一路”国家双边贸易总额

资料来源：中国海关总署。

另一方面，中国大量的优质产能也为进一步深化国际产能合作提供了基础。目前，中国是不少沿线国家的最大贸易伙伴、最大出口市场和主要投资来源地。根据联合国工业发展组织的资料，目前中国工业竞争力指数在136个国家中排名第七，制造业净出口居世界第一位。按照国际标准工业分类，在22个大类中，中国在7大类中名列第一，钢铁、水泥、汽车等220多种传统工业品产量居世界第一位。

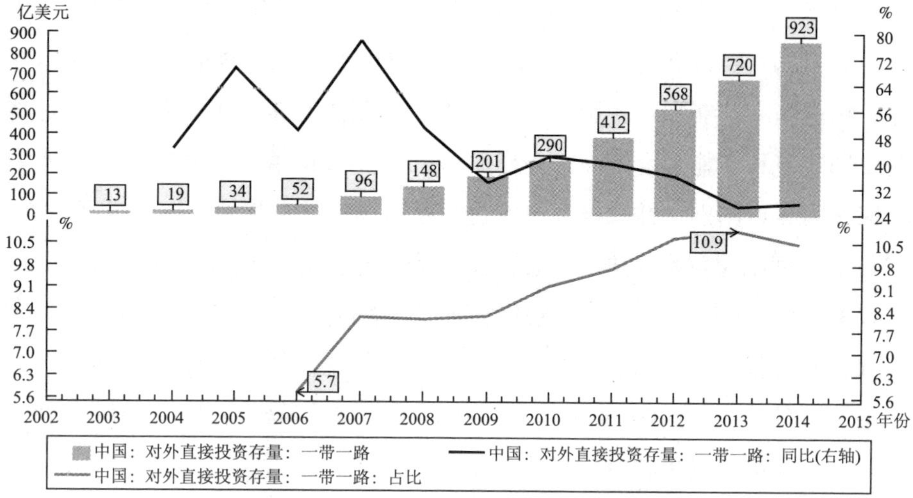

图7－6　中国对“一带一路”国家投资存量状况

资料来源：商务部。

与此同时，随着产业升级以及工业化进程的深化，中国已经在多晶硅、光伏电池、风能设备等新兴产业产品以及轨道技术、车辆装备、移动信号高端装备制造业等领域具备了优势，具备了较强的技术创新能力，并逐步实现了从单一产品输出到成套输出到具备输出整体解决方案能力的转变。目前“南车”“北车”的产品已出口到6大洲约90个国家和地区，而在高层指导下的南北车合并，就是要打造“中国高铁”全球行的第一方阵。历时5年的海外发展，中国至少与30个国家进行了高铁合作或者洽谈，其中包括土耳其、委内瑞拉、沙特阿拉伯、利比亚、伊朗、泰国、缅甸、老挝、越南、柬埔寨、马来西亚、新加坡、罗马尼亚、巴西、墨西哥、波兰、美国、英国、俄罗斯等。这些不仅能够有力地支持中国对外开展铁路、公路、航空、电信、电网和能源管道等领域互联互通战略的需要，在对外产能合作中还可以延长产业链和价值链，发挥产业的前后向联动效应。

因此，在世界经济和中国经济下行压力加大，以及力图抓住新一轮工业革命历史机遇的背景下，中国主动提出了“汇聚新增长动能”的倡议。

2015年5月,《国务院关于推进国际产能和装备制造合作的指导意见》，该意见提出：主要目标是力争到2020年，与重点国家产能合作机制基本建立，推进国际产能和装备制造合作的体制机制进一步完善。总体任务是将与中国装备和产能契合度高、合作愿望强烈、合作条件和基础好的发展中国家作为重点国别，并积极开拓发达国家市场，以点带面，逐步扩展。“十三五”规划纲要草案又进一步提出了未来五年国际产能合作的规划，即以上述12个行业为重点，采用境外投资、工程承包、技术合作、装备出口等方式，开展国际产能和装备制造合作，推动装备、技术、标准、服务“走出去”。国际产能合作意见的出台意味着中国与世界经济体系互动的内容、方式和角色都将发生积极的变化。中国不仅出口终端消费品，还将输出资本品；不仅要提高吸引外资的水平，还将打造“走出去”的升级版；不再只是国际规则的被动接受者，还要积极参与和引领规则制定。

三、推进“一带一路”价值链合作面临诸多难题与挑战

当然，从目前的情况看，“一带一路”区域内的国家经济发展也面临很大的挑战和增长“短板”，而这也恰恰是促进新一轮合作的动力所在。

首先，基础设施投资成为制约价值链分工与合作的“短板”。当前，“一带一路”区域基础设施发展依然滞后于其经济增长，且无论在质还是量上均低于国际标准，软硬件基础设施的落后成为阻碍区内经贸合作的最大障碍，例如，新欧亚大铁路途经多个国家，轨距不同，换轨操作费时耗力，各国口岸合作机制尚未形成，通行便利化程度不够，物流成本偏高，一些国家的港口设施落后，增加了相互商品和服务流通的困难程度。

根据亚洲开发银行的预测，未来10年，亚洲基础设施投资需要8.22万亿美元，即每年需要新增投入8200亿美元的基础设施资金。数据显示，2013年，亚洲除中、日、韩三大经济体的GDP总额约为8万亿美元，缺口远远不够。根据世界银行统计，中低收入国家资本形成率占GDP比重仅为1/4左右，其中用于基础设施投资方面的资金仅为20%左右，约4000亿美

元，融资存在巨大的缺口。

其次，“一带一路”区域内的贸易合作水仍处于较低水平。和欧盟、NAFTA以及东盟等在区域一体化方面取得实质性进展的地区相比，“一带一路”相关国家面向区域内国家的出口和进口在全部对外贸易中的比重比较低，区域国家经贸合作还处于初级阶段。但从未来的合作前景来看，发展潜力巨大。“一带一路”合作框架可以看作一种新型的“贸易协同战略”。21世纪初经济全球化加速发展以来，特别是全球金融危机以来世界经济格局从“中心—外围”单循环体系向“双环流”体系转换和贸易协同增长，而这也势必会带来新的贸易增长模式的调整，例如，贸易与直接投资和产业转移的融合与互动，从产业间贸易向产业内贸易的转变，贸易结构与贸易条件的重新调整，通过制度性安排保障推进贸易与投资关系的协同发展。

第三，“一带一路”大多数国家都面临在全球价值链中“中低端锁定”的风险。尽管新兴经济体价值链分工参与程度在不断提升，并获取了参与价值链分工的经济增长效应，但还处于利用资源、劳动力等初级要素的发展阶段，并面临着贸易利益恶化的风险。例如，资源型贸易利益结构的国家大都经济结构单一、外需依赖严重，因而必然面临较高的国际市场风险，国际市场不景气、世界经济增长放缓、国际能源价格波动等都会给其国内经济带来巨大的影响，而国际新能源的出现将会宣告这些国家黄金时代的结束。以廉价劳动参与全球价值链中劳动密集型环节的制造型参与模式国家，对外国技术、资本的依赖较强，容易形成低端环节的分工锁定效应，并会面对众多发展中国家廉价劳动力的竞争，其国际贸易利益必然会进一步受到挤压，而制造业中高耗能、高污染部门还会带来国内资源枯竭、环境恶化等负面效应。承接劳动密集型服务外包的国家也同样面临着国内工业发展滞后、外包环节低端锁定、相对贸易利益较低等风险。而农业型贸易利益结构国家由于其国内价值链较短，必然会带来国内附加值出口能力低、工业就业能力低等问题，同时面临自然灾害、价格波动、市场需求结构变化等风险。

第四，“一带一路”战略推进面临较大投资和贸易壁垒。一是“一带一路”区域内的贸易成本普遍较高。贸易成本的高低将直接影响一国商品在国际市场上的比较优势，运输成本、贸易规模、贸易壁垒等是决定贸易成本的重要因素。根据世界银行统计，2013 年“一带一路”沿线国家中只有 19 个国家的基础设施得分在 3 分以上，集中在东南亚、西亚产油国和中东欧国家，而部分东南亚国家、南亚和中亚国家的基础设施则相对较弱。

从贸易规模看，除了东盟十国，中国与沿线国家的贸易额大多规模较小，且存在较多的贸易壁垒，如中亚地区进出口手续烦琐，完成出口手续常常耗费数月时间，此外，沿线较多发展中国家金融体系十分脆弱，汇率波动较大，这些都是导致中国与沿线国家贸易成本较高的重要因素。

二是自由贸易区协定自由化、便利化程度整体较低。“一带一路”沿线国家已缔结的 FTA 涵盖内容不够全面，过分强调货物贸易的自由化，而忽视了其他相关的贸易问题，投资、服务市场开放度低，基本未涉及诸如知识产权、政府采购和竞争政策等领域，自由贸易协定新议题覆盖面窄，而且大都集中于传统领域。

三是沿线国家经济合作存在着较多壁垒和障碍。在自由贸易区网络构建的重要区域中亚和西亚，各国的关税水平仍总体偏高。在中亚，俄、哈、乌、吉、塔 5 国的平均进口关税税率分别是 10%、8.6%、14.8%、10% 和 9.8%。在上合组织中，只有中国、俄罗斯和吉尔吉斯是 WTO 成员，因此在哈萨克斯坦、乌兹别克斯坦和塔吉克斯坦尚未“入世”的情况下，构建自贸区将使其在产业发展和资金、技术等方面承受巨大力，因此这些国家对贸易投资的自由化、便利化态度会十分谨慎。

四、创新“一带一路”全球价值链与国际产业合作机制

展望未来，可以搭建一个“全球价值链伙伴关系”，来促使“一带一路”沿线的更多国家融入到全球价值链网络体系之中。特别是随着新一代信息技术、互联网经济的发展，“一带一路”合作框架不妨加快推动“数

字贸易协定”的实施，尤其是那些寄希望于中小企业（SMEs），通过执行一系列关于最低海关门槛、中介责任、隐私权、知识产权、消费者保护、电子签名及纠纷解决等问题的新的政策实践，促进信息、贸易、产业的互联互通。

事实上，“一带一路”在中国政府发布的“一带一路愿景与行动”蓝图中就提出“投资贸易便利化水平进一步提升，高标准自由贸易区网络基本形成”。这一行动计划要求“一带一路”要立足于创新贸易形式，包括扩展跨境电子商务、服务贸易。此外，行动计划也包括“加快投资便利化进程，消除投资壁垒，加强双边投资保护协定”绿色贸易、全球价值链贸易等内容。未来可以在货物贸易、服务贸易、投资协定、资金融通、ICT网络互联互通方面实现重要的对接，并构建涵盖“一带一路”区域、面向全球的高标准自贸区网络，最终建成“一带一路”自由贸易区（FTA），为新一轮贸易全球化带来新的繁荣增长。

1. 在“一带一路”主要节点和港口共建经贸合作园区

中国与周边国家之间有非常长的陆地和海上边境线，在沿边地区建设跨境经济合作区、边境经济合作区，具有巨大的便利性和现实可操作性。吸引各国企业入园投资，形成产业示范区和特色产业园，通过产业园区建设来促进现代制造业、现代服务业、现代农业等相关产业融合发展，把建设境外经济合作区和边境合作区结合起来，建设跨国产业链，形成沿边境线的跨国产业带，进一步建立健全区域合作的供应链、产业链和价值链。优先采取以能源、贸易基建为主，以“资源换项目”、港口特许经营权等多种形式，推动大型能源和基建企业海外投资与运营，推动跨境园区建设，进行多种形式投资合作。

2. 积极推进一带一路投资框架的形成

当今国际投资规则主要体现于双边投资保护协定（BIT）、RTA中的投资规定、WTO的《与贸易有关的投资措施协定》（TRIMS）和GATS有关商业存在的投资规定等。据联合国贸发会议《2015年世界投资报告》的统计，截至2014年底，全球共有3271项各类国际投资协定。该报告建议改革国际投资管理制度，包括保障东道国管理权力、改进投资争端解决机制、促进与便利投资、保证负责任的投资、加强国际投资协定的体制协调性等内容。在投资规则方面，TPP的投资规则不仅超出了TRIMS的范围，而且比目前数以千计的双边投资协定更进一步，尤其是设立了非歧视性待遇与“负面清单”的投资新规则。

具体包括：(1) 以国民待遇和最惠国待遇的非歧视投资政策与“公平公正”和“充分保护与安全”为法律保护的基本规则，同时保障各缔约方政府实现合法公共政策目标的能力，减少或消除与贸易相关的投资规则。(2) 各方采用“负面清单”模式，此即意味着“法无禁止皆可为”，除不符措施外，市场将对外资全面开放。不符措施包括两个附件：一是确保现有措施不再加严，且未来自由化措施应具有约束力；二是保留在未来完全自由裁量权的政策措施。(3) 为投资争端提供了中立、透明的国际仲裁机制，并通过有力的措施防止该机制被滥用，确保政府出于健康、安全和环境保护之目的进行立法的权力。

3. 构建与完善贸易投资争端解决机制

从宏观经济政策领域消除“一带一路”沿线国家因不同贸易政策造成的“政策壁垒”。关于贸易争端解决机制的安排，可以借鉴欧盟、北美自由贸易区、东盟的现有做法。考虑到目前“一带一路”沿线国家较为松散的合作现状，应该在对接现有贸易争端解决机制的同时，强调用磋商的方式解决争端，并建立区域共同专家组，以仲裁的方式解决未能协商一致的贸易争端，未来随着“一带一路”沿线国家贸易合作的日益密切，可以考虑建立区域化的司法体系，将贸易争端、投资争端、金融争端以及建立相配套的执行体系。

4. 推动标准、规则、法规对接的一体化机制

除海关之外，跨境贸易和投资合作还涉及商品检疫检验、知识产权、

产品质量和技术标准、环保标准等众多领域的标准、规则的对接与统一。同时，由于“一带一路”沿线国家之间的经济合作还处于起步阶段，各方面的横向衔接和沟通还不够通畅，通关和监管都仍在不断探索之中，实现区域监管一体化将是一个十分重要的目标和领域。

为促进“一带一路”区域贸易畅通，必须加强区域各领域、各方面、各层次的密切合作，如国际间的双边和多边合作、国内各部门的横向合作等。在货物贸易、投资保护、原产地规则、海关手续、贸易救济、检疫措施、技术壁垒、知识产权、政府采购、劳工与环境、临时入境等不同领域，做出合理合情的制度安排，推动贸易便利化。同时，亚欧应更好地对接基础设施建设规划和技术标准，畅通基础设施骨干通道。完善的基础设施网络有助于降低交易成本，促进要素的跨境流动，拓宽贸易投资的范围，深化市场分工，促进区域经济一体化。

5. 加快推进“一带一路”数字价值链联通与贸易治理合作

加快形成跨境电子商务和数字贸易的全产业链，推进全球贸易治理新框架的形成。据统计，数字贸易推动美国实际 GDP 总额提高了 1937 亿美元，将美国综合就业率提高了 1.8 个百分点。数字贸易也推动了欧洲生产率快速增长，2002—2010 年，欧洲数字贸易公司份额每增加 1%，欧洲劳动生产率就在两年内增长 0.12%。从规模看，据商务部统计，2015 年我国网络零售额达到 4 万亿元，位居世界第一。从速度看，我国数字贸易的增速是 GDP 增速的将近 4 倍。

商务部在 2015 年 5 月发布了“互联网 +”流通行动计划，商务部在行动计划中提出促进跨境电子商务发展，完善物流基础设施，推动建设 100 个电子商务海外仓，打造电商企业境外物流体系等工作目标和任务。预计到 2017 年跨境电商的交易规模将达到 8 万亿元，占进出口总值将达到 20%左右。目前，我国正通过“一带一路”战略加大对全球的辐射，进行全球范围的资源整合，加快产能输出与国际产能合作，实现资源有效配置，加快全球经济一体化建设。同时，推动“一带一路”战略的实施将促进跨境电商的快速发展，从而拉动跨境物流的发展。加快软件基础设施和硬件基础设施建设的同步推进，构建跨境电子商务运输法律制度，核心是完善电子运输记录制度立法。应借鉴《鹿特丹规则》电子运输记录的有关规定，构建我国的跨境电子商务运输法律制度。加快推进“单一窗口”和APEC 全球供应链电子口岸试点在“一带一路”框架下的实施。

6. 积极构建“一带一路”高标准自贸区网络

目前，我国在建自贸区 20 个，涉及 32 个国家和地区。其中，已签署自贸协定 12 个，涉及 20 个国家和地区，分别是我国与东盟、新加坡、巴基斯坦、新西兰、智利、秘鲁、哥斯达黎加、冰岛和瑞士的自贸协定，内地与香港、澳门的更紧密经贸关系安排（CEPA），以及大陆与台湾的海峡两岸经济合作框架协议（ECFA），目前均已实施；正在谈判的自贸协定 8 个，涉及 23 个国家，分别是我国与韩国、澳大利亚、海湾合作委员会（GCC）、斯里兰卡和挪威的自贸协定，中日韩自贸协定、《区域全面经济合作伙伴关系》（RCEP）协定，以及打造中国—东盟自贸协定（“10 + 1”）升级版。未来逐步形成立足周边、辐射“一带一路”区域、面向全球的高标准自贸区网络，并最终建成“一带一路”自由贸易区（FTA）。

此外，深化“一带一路”区域金融合作，打造货币金融合作网络。利用亚投行、丝路基金的平台优势，以及国开行、进出口银行的资金优势应积极推进中国与“一带一路”沿线国家的多边金融合作，如深化中国—东盟银行联合体、上合组织银行联合体务实合作等，推进亚洲货币稳定体系、投融资体系和信用体系建设。

第八章

数字贸易与全球贸易治理的新走向

当前，国际上美国、欧盟、日本等发达国家为核心力量，主导新规则的构建，从以前推动贸易投资自由化转向竞争政策和产业政策，试图利用全球价值链上的新模式，重新打造不对称规则优势，而数字经济和数字贸易也成为国际新一轮规则竞争的前沿。

一、全球正步入数字经济发展新时代

面临传统经济与传统贸易增长的乏力，数字经济与数字贸易的发展无疑给我们提供了一个新的视角和探索增长的路径。与传统经济相对应的“数字经济”是一种新的经济形态和新的经济系统，全球尚未有统一而明确的定义。一般主要是指各类数字化投入带来的全部经济产出，包括数字技能、数字设备（软硬件和通信设备），用于生产环节的数字化中间品和服务，以及在整个数字价值链过程中产生的大量数据。

数据作为一种新的生产要素和生产力，促进了技术、经济和国际贸易的发展。数字经济正以每年 10% 以上的速度在高速发展，是全球经济增速的三倍以上。2014 年，麦肯锡全球研究院发布报告《数字时代的全球流动：贸易、金融、人和数据如何连接全球经济》，指出全球的“五流”（商品、服务、金融、人员和数据）正在不断增长，对全球 GDP 增长的贡献为每年 2500 亿 ~ 4500 亿美元，相当于全球经济增长的 15%~ 25%。

美国是数字信息技术发源地，近半个世纪以来，美国的企业、政府、科研机构紧密携手，主导着全球数字经济的发展进程，包括英特尔、IBM、高通、苹果、微软、谷歌等 ICT 巨头成为全球数字价值链的主干。2014 年，美国数字服务出口约为 4000 亿美元，占美服务总出口的一半以上，占美国货物与服务总出口的约 1/6，是全球数字经济的核心引擎。

中国数字经济虽然起步较晚，但近些年也同样令人瞩目。2004 年中国电子商务仅有 9293 亿元，2015 年已达 20. 8 万亿元，同比增长 27%。2011 年跨境电子商务为 1. 74 万亿元，2015 年达到 5. 4 万亿元，同比增长 44. 0%，预计 2016 年交易额可达 6 万亿元。

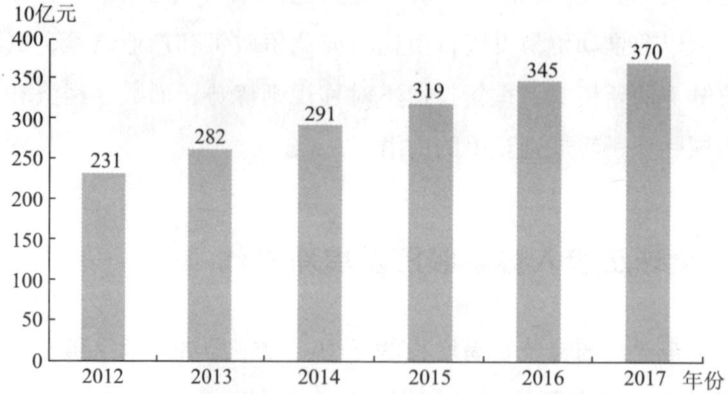

图 8 – 1

资料来源：Forrester Research.

根据国际数据公司预计，到 2019 年亚太地区数字消费额有望从 2015 年的 7 万亿美元增至 17 万亿美元。在未来 5 年里，G20 的互联网经济预计将以每年 8% 的速度增长，远超传统的经济部门。埃森哲预计到 2020 年，数字经济对中国 GDP 产值的贡献将达到 5270 亿美元，约合 3. 5 万亿元人民币。2015 年，数字经济在中国 GDP 的占比为 10. 5%，到了 2020 年，这一比例将会达到 13. 3%。

面对金融危机后经济复苏乏力的局面，美国、欧洲、日本等主要经济体纷纷将数字经济视为实现经济复苏和持续发展的关键依托，各自出台了国家层面的数字经济发展战略。

发达国家要通过 TPP、TTIP、TISA 来引领新一轮全球贸易规则的制定，从而试图主导新的全球经济贸易规则。数字经济已经成为全球治理框架下重大而极具挑战性的核心议题，而由此引发的国家利益与全球化利益之前的冲突域分歧也成为主要大国博弈的新前沿。

一方面是一些传统的规制、规制在数字经济和数字贸易中无法界定，特别是在大数据、云计算、移动互联网、物联网、智能终端以及泛在网等新的数字空间的规制适用性受到严重挑战。

另一方面对全球治理体系也形成巨大的挑战。从全球治理体系的角度出发，有五大核心问题是必须要考虑的：其一是网络和数据资源与权益的分配问题；其二是新的数字空间和平台空间的管理权问题；其三是核心技术和核心知识产权的掌控；其四是标准的控制、管理和主导权；其五是在新的网络空间体系之下的数据生成、数据流动与数据治理问题。

二、世界主要国家纷纷制定并推出数字经济战略

数字经济的快速发展及其新产生的巨大活力，使得美国、欧盟、德国、英国、日本等政府意识到数字经济的发展对于推动本国和地区经济社会发展的重要作用和意义，开始关注数字经济的发展，将数字经济作为推动经济发展的新动力、新引擎。2008 年国际金融危机以来，面对金融危机后经济复苏乏力的局面，美国、欧洲、日本等主要经济体纷纷将数字经济视为实现经济复苏和持续发展的关键依托，各自出台了国家层面的数字经济发展战略，并积极谋划制定引领全球数字经济发展的规则框架。

1. 美国数字经济议程

2014 年，美国推出“数字经济议程”（Digital Economy Agenda）。支持美国的互联网经济转型，为沟通、商务、个体表达和创新搭建全球平台。该项议程是美国商务部 12 个厅局的 4.7 万名职员共同努力的成果，主要聚焦于四个方面：

一是自由开放的互联网。一个自由、开放的全球互联网，一个将数据和服务的跨境流动的壁垒限制在最低程度的互联网，是数字经济取得成功的关键。二是互联网信任和安全。三是创新和新兴技术。技术革新的步伐有增无减，既带来机遇，又带来挑战。美国商务部致力于推动新技术，如

调要坚持创新发展，使ICT技术创新成为包容性经济发展的重要驱动力。要坚持协调发展，使数字经济与经济和社会各领域的发展主题紧密融合、避免冲突、协调一致。要坚持绿色（即信任和安全）发展，增强ICT及关键信息基础设施的安全性，确保数字经济发展的健康、稳定、可持续。要坚持开放（即合作）发展，深化G20成员间的紧密合作，通过建设性对话缩小分歧、扩大共识、应对共同挑战。要坚持共享（即包容）发展，弥合数字鸿沟，确保联合国2030可持续发展议程目标的实现。

G20的数字经济倡议也充分体现了安全与发展的重要性。在信息流动方面，倡议提出要在考虑信息通信技术使用安全并尊重网络安全、个人数据和隐私保护的基础上，促进信息和知识的流动，以增强数字经济的信心和信任。

三、数字贸易已成为新一轮国际贸易规则框架的前沿性核心议题

近些年来，全球价值链的结构与形态正在发生重大改变和重构。由于数据产品和数据交易的发展不断冲击着WTO框架下的贸易规则，对于数据贸易应该适用货物贸易的规则还是服务贸易的规则已经难以简单界定。全球电子商务网络正在迅速扩张，数字经济发展趋势正在日益加强，随之诞生的“数字贸易”这一极具发展潜力的崭新贸易形式已经成为欧美国家的重要议题。在数字贸易环境下，跨境数据流动成为重要的推动因素，它对全球经济的发展起到了重要作用。

数字贸易来源于数字经济，是数字经济发展到一定阶段的产物和结果。数字贸易的发展，源于经济全球化，全球产业结构转型升级、全球价值链重构，新一代信息技术的爆发式增长，以及全球贸易治理新规则的推动。

与此同时，为了顺应国际金融危机之后全球化新发展的要求，回应以全球价值链为代表的新贸易模式要求，应对新兴经济体对传统贸易治理结构提出的挑战，美国以放弃依靠世贸组织来推动全球化的战略，转而推动

数字贸易研究报告；制定《域名权保护法案》《全球全国商务电子签名法案》等法律法规，为数字贸易发展奠定坚实的基础；率先启动《2013 年数字贸易法案》的立法工作，明确数字贸易已成为美国和全球经济的重要组成部分。确保全球数字贸易开放、自由应该成为美国政策制定者和贸易谈判者先行的关键优先事项，进一步保护和授权全球数字经济。

近年来，美国突破数字贸易壁垒采取了一系列的新举措。作为世界数字贸易发展领导者的美国，为了巩固和扩大自身在数字贸易领域的竞争优势和地位，强化数字贸易作为经济增长极的作用，开拓数字贸易新市场，引领世界数字贸易的发展，一直在推动和主导数字贸易规则谈判。

首先，在多边谈判框架下，初步形成了数字贸易规制。在多边谈判框架下，数字贸易的规制主要体现在如下两个方面：一是美国在 1997 年的《全球电子商务纲要》中就表明了追求电子商务全球自由化的立场。1998 年 5 月，时任美国总统的克林顿亲赴世界贸易组织部长级会议，敦促各国支持美国关于电子商务永久免税的建议。二是 2008 年 11 月，亚太经合组织（APEC）提出《数字繁荣的行动清单》并明确六大行动关键领域：基础设施、投资、创新、智力资本、信息流、整合。

其次，在双边谈判框架下，进一步强化多边数字贸易规制的落实。在双边谈判框架下，2012 年美国与韩国签署的《美国与韩国自由贸易协定》中明确规定，应在负面清单的基础上对数字产品给予非歧视待遇，尽力避免对电子信息的跨境流动设置不必要的障碍。美国在自由贸易协定中专设电子商务章，旨在对数字传输的内容产品提供自由贸易的待遇。

最后，在区域和次多边谈判框架下，积极推进数字贸易新规制的构建。在数字贸易中亚洲拥有最大的增长潜力，而欧盟是美国最大的数字贸易伙伴。美国高度重视亚洲和欧盟的数字贸易市场。美国以跨太平洋伙伴关系协定（TPP）、跨大西洋贸易与投资伙伴协议（TTIP）、服务贸易协定（TISA）为抓手，三位一体地推进数字贸易规则谈判，推动区域和次多边数字贸易国际规则的构建，从而为主导和推动全球多边数字贸易规则奠定坚实的基础。

四、下一代贸易规则框架视角下的跨境数据流动

数字贸易的核心问题是如何促进全球数字产品以及跨境数据的流动。当前，国际上对跨境数据流动有不同的定义，如联合国跨国公司中心对跨境数据流动（Transborder Data Flow）的界定是跨越国界对存储在计算机中的机器可读数据进行处理、存储和检索。经合组织（OECD）对跨境数据流动的定义是个人数据的跨越国界流动。综合来看，国际组织对跨境数据流动有两类理解：一种是数据跨越国界的传输和处理；另一种是数据虽然没有跨越国界，但能够被第三国的主体访问。

其中本地化问题以及安全隐私保护问题是数字贸易领域各国争论和博弈的焦点，特别是涉及不同国家之间社会契约、身份认证、国家安全、法律架构、意识形态与价值的差异性问题。跨境数据流动面临的主要壁垒和挑战包括：一是数据本地化、数据留存等要求带来的运营成本的增加；二是各国法律的不协调增加了合规的复杂性；三是管辖冲突带来的法律运用上的困境；四是监管范围的扩大和监管流动的增加导致合规压力增加。

在国际贸易规则层面看，数字贸易与现行国家贸易规则不协调，主要表现在原有的规制已经不能适应数字贸易流动突破国界限制的需求，主要体现在以下方面：

1. 传统 WTO 框架下的跨境数据流动与贸易规则问题

WTO 倡导国际间贸易的自由流通，希望通过互联网增加对商品和服务的供给，但是在跨境数据流动层面面临着各国政府从本国数据和国家安全的角度对跨境数据流动设置的政策限制。WTO 的规则管辖范围包括所有货物贸易和服务，包括通过互联网的国际贸易。相关的协定是《关税及贸易总协定》(GATT) 和《服务贸易总协定》(GATS)，GATS 涵盖服务贸易。

虽然 WTO 对全球跨境数据流动规则的谈判仍无法达成共识，但坚定了发展贸易法律和政策以解决互联网对国际贸易束缚的认知。这主要是确

保反映世贸组织的自由贸易协定，并解决直接影响国际商品和服务贸易中的互联网障碍；关乎政府如何规范跨境数据流动更广泛的问题，留给全球跨境数据治理与数字经济与贸易的治理一个很大的“政策缺口”。

2015 年 10 月 15 日，跨太平洋伙伴关系协议（TPP）中就已经第一次将全面支持网络和数字服务贸易的相关内容纳入了协定文本之中。同样在 2015 年 12 月肯尼亚的内罗毕，扩大信息技术协议（ITA Ⅱ）就已达成。在日本高松 G7 峰会信息通信技术（ICT）部长级会议以及即将在中国杭州召开的 G20 峰会，数字经济将在相关议程中占据战略地位，而这个论坛必须进一步推进全球数字贸易议程。

2016 年 3 月，国际贸易和可持续发展中心（ICTSD）与世界经济论坛共同发布了一份题为《WTO 服务贸易规则与承诺下的数据本地化措施分析》的政策分析报告。该报告肯定了在全球数字经济环境中，公司所面临的数据相关的关键议题可以通过现有的 WTO 服务贸易总协定（GATS）得到解决。特别是在 WTO 成员国执行了服务贸易承诺的情况下，GATS 规则可以对国际服务贸易，包括跨境存储、处理和传输数据的权利提供保护。

2. 新一代全球贸易规则框架下的跨境数据及数字贸易

美国主导的 TPP 强调“自由”：TPP 中最引人注目的新贸易规则调整涉及降低数据流动的壁垒，倡导推进数字贸易自由化。TPP 协定条款规定了阻止数据本地化以及禁止数字海关税收的内容，这被视为数据贸易自由化的一种体现。2015 年，美国在 APEC 会议上提出通过数字经济促进包容性增长的提案，提出要将“便利数字贸易促进包容性增长”作为下一代贸易与投资议题。

欧盟强调“公平”：2015 年 6 月，欧盟推出“数字单一市场战略”，该战略提到为实现成员国数字贸易跨境消费的规则公平，欧盟委员会将修改立法提案，确保国内市场交易方不因强制性国家消费者合同法律的差异，或产品在标签之类的具体规则上的差异而阻止跨境交易。该战略中欧盟也提到了为破除不公平的消费地域壁垒对包括《欧盟电子商务指令》中的电子商务框架，以及《欧盟服务业指令》中的第20条进行有针对性的修订。

TPP援引《数字千年版权法案》等美国国内法，对数据流动可能导致的知识产权侵权等问题予以严格的规范。美国将TPP谈判作为实现数字贸易和跨境数据流一致承诺的平台，为在跨大西洋贸易与投资伙伴协议（TTIP）讨论数字贸易和跨境数据流开创了重要的先例。

在服务贸易协定（TISA）中，期望建立电子商务、计算机相关服务、跨境数据转移等新兴领域的管制规则，强调制定适当的条款来支持通过“电子渠道”所进行的服务贸易，引导数字贸易和跨境数据流的发展。

（1）TPP中有关数字贸易及电子商务条款。

进一步分析TPP有关章节，在TPP第14章电子商务条款共有18条，除14.1“定义”、14.2“范围与总则”以及14.8“争端解决”以外，实际上共有15条规范多边电子商务政策的条款。这15个条款又可以分为四类：减少数字贸易壁垒的条款、保护网络消费者权益的条款、促进数字贸易便利化的条款和促进国际协调合作的条款。

同样是出于数据主权的考虑，各国会限制数据（包括个人信息）的出口。因此，14.11“信息以电子方式的跨境传输”要求参与国不对信息跨境传输设置壁垒，保证电子商务活动在亚太区域的顺利开展。云计算的发展受到企业和个人消费者的青睐，但是云服务带来频繁的数据（包括个人数据）跨境流动令各国政府不安，于是不少国家（越南、巴西、马来西亚、印度、俄罗斯等）要求云服务商将计算设备设在提供服务的国家领土之内，从而把本国的数据留在了国内。然而，在每个服务提供国建立昂贵的计算设备有违“云”的灵活本性，也增加了云服务提供商的成本。

因此，对于聚集了世界最大的云计算服务商（亚马逊、谷歌、苹果、微软、英特尔等）的美国来说，限制计算设备所在地对其形成了桎梏，14.13“计算设备所在地”就是要给美国云计算服务商解绑。所以，TPP带有明显的“惠顾大企业”的政策倾向。

从根本上而言，TPP等区域贸易协定是以WTO的例外为基础，倾向于保护跨国公司的一种特惠贸易。在原有的WTO框架内，涉及的是商品货物在各协定国之间的自由（低关税）流动，而跨国公司在某主权国家做生意，必须遵守主权国家的法律和仲裁，这对美国跨国公司形成了很大的主权壁垒约束。为了绕开这些约束，TPP 首次引入“投资者与国家间争端解决机制”（ISDS 条款），设计出一套独立于 WTO 国家争端解决机制以外的新程序。

根据 ISDS 条款，在 TPP 的框架内，规定主权国家法律必须服从 TPP 协定精神（打破主权国家壁垒，关税近乎于零，实现资本自由流动），如果投资对象国的政府决策损害了外国投资者的权益，则投资者可以绕开该国的司法体系，直接向国际商业仲裁机构提交争议，要求投资对象国政府赔偿损失。由此在 TPP 框架下可以对签约国政府的法律与政策变化所带来的损失要求赔偿，这极大地扩张了跨国公司的福利和利益分配。

因此，以跨国公司为主导的美国经济也成为 TPP 协议中最大的受益者，可以说，相较于以前的争端解决机制，TPP 的 ISDS 将跨国公司的权力推向了一个新高度。TPP 中的“差别化对待”“原产地规则”“技术壁垒性”带有明显的不公正性和排外性。

（2）TTIP 中有关数字贸易及电子商务条款。

TTIP 谈判自 2013 年 6 月启动以来，目前已经完成了七轮谈判。就数字贸易和电子商务领域而言，TTIP 谈判的主要目标是，创设一个有约束力的框架来促进跨大西洋的数字贸易，同时，也可以作为促进经济增长和发展的全球化标准。

在数据隐私和数据跨境流动问题上，美国和欧盟适用的是截然不同的法律制度。根据 2014 年 1 月 16 日美国国会推出的《2014 年国会两党贸易优先法案》，就跨境数据流动和数字贸易，该法案规定要求贸易谈判方确保政府允许跨境数据流动，不得要求数据本地存储或处理，禁止对数字贸易设置与贸易有关的障碍。

但是，欧盟却明确表示，任何协定都不能影响“对个人数据传播和处理过程中的隐私保护，以及对个人记录和账户的机密性保护”。这恰好呼应了 GATS 中的相关规定，同时也表明了欧盟与美国在此问题上截然相反的态度。

除此之外，TTIP 的主要议题还包括对“互相承认对方向公众发行的电子签名证书，以及跨境认证服务便利化问题”“中介服务提供商在信息传输或存储方面的责任问题”以及“电子商务中的消费者保护问题。”

（3）TISA 中有关数字贸易及电子商务条款。

全球服务贸易协定（TISA）中，期望建立电子商务、计算机相关服务、跨境数据转移等新兴领域的管制规则。

TISA 在电子商务和数字贸易议题上，主要包括数据信息的自由流动、网络的自由访问和使用、在线消费者保护、电子签名、电子认证等议题在内的 7 个方面。2014 年 4 月 25 日在日内瓦举行的第六轮谈判中，美国就 TISA 谈判中有关数据信息自由流动的议题还做出了新的补充提议，要求 TISA 参与方必须确保数据的自由流动，不得将购买本土服务或在当地建造基础设施作为市场准入的条件，并确保网络的自由访问；不得要求将当地存在技术转让或购买本国技术作为企业提供跨境服务的条件。

TISA 已经明确必须将促进和保护互联网开放性和跨境信息流动作为一个优先事项来处理。2015 年 12 月在肯尼亚的内罗毕，扩大信息技术协议（ITA Ⅱ）就已达成。下一步有关数字经济的议程将会更加重要。

五、数字经济背景下我国面临的国际规则压力挑战与应对

近年来，我国数字贸易发展迅速，但在高速发展过程中也面临了诸多问题，首当其冲的就是数字贸易壁垒的问题。2016 年 3 月 30 日，美国贸易代表办公室首次发布数字贸易壁垒报告，列举了中国、俄罗斯、印度尼西亚、印度、阿根廷、巴西、欧盟等国家（地区）在互联网服务和电子商务、电信服务和设备等领域存在的数字贸易壁垒情况，如中国为加强银行业和保险业信息安全而出台的对电信设备的限制措施等。

而此前的 2015 年 8 月，国际贸易和可持续发展中心（ICTSD）也发布了一份关于潜在的数字贸易国际规则议程综述性的研究报告，分析了数字

贸易面临的障碍。这些动向均须引起我们的重视。此外，更为直接的体现是，包括跨太平洋伙伴关系协定、服务贸易协定以及跨大西洋贸易与投资伙伴协定等在内的当前的大量 FTA 谈判均对数字贸易问题制定了一定的规则。

当前正是数字贸易呈现上升态势发展的启动期，诸如中国、印度和印度尼西亚在内的大量发展中国家的数字贸易发展迅速，也可能并应当成为在数字贸易方面发展新规则的重要力量。

数字贸易亟须一个全球性的贸易框架来规范。然而，当前的情况是在全球范围内并没有明确的贸易规则来规范数字贸易。在我们面临的规则挑战背景下，中国需要积极在如何保护数据安全与促进数字贸易发展方面寻求平衡，要在全球新一轮国际贸易规则与数字贸易制定中争取主动权。

首先，对跨境数据流动实施分级分类管理。借鉴国际经验，针对金融、石油、电力、水利等涉及关键基础设施的重点领域进行跨境数据流动限制。为这些行业提供服务的企业，要求境内建设数据中心；对为其他中小企业提供服务的，则放宽要求；对数据进行分类管理，政府数据、企业商业秘密数据以及个人敏感数据，不得跨境转移；对其他普通的企业数据和个人数据则允许跨境流动。

其次，加强本国立法和配套手段的建立。我国目前在数字贸易相关立法上缺失、不完善或者滞后，很难保障国家信息安全和个人隐私保护，亟待通过《网络安全法》、《反恐法》、《个人信息保护法》、《外国投资法》等相关法律。我国数据审查制度透明度不够为数字贸易的发展设置了不必要的障碍，甚至引起国际摩擦和质疑。因此，需要对我国的跨境数据流动制度做出更明确地规定，确立跨境数据流动管理的基本原则和制度。同时，制定跨境数据流动标准格式合同管理、安全协议限制和跨境数据流动风险评估机制等配套监管手段。

第三，加强全球跨境数据流动的国际政策协调。贸易协定不一定是探讨跨境数据流动的最佳平台。由于全球消费互联网的发展，需要我们重新思考生产者与消费者、企业、社会、政府之间的关系。跨境数据流动议题的探讨不仅要包括政府，还需要跨国公司、中小企业、消费者、第三方主体、知识社区都加入进来。因此，需要加强跨境数据流动政策的全球协调，在尊重网络安全、个人数据和隐私保护基础上，促进跨境数据流动，以增强数字经济信心与信任。

第四，制定全球跨境电子商务规则、法律和标准。积极通过双边或多边谈判提出一个包括实体产品、数字产品，以及跨境物流、跨境支付、电子认证、在线交易、信用体系、数字贸易争端解决机制等在内的有广泛约束力的全球性标准和规则框架。

第五，构建面向未来的全球数字贸易规则新框架。数字经济与数字贸易治理需要避免碎片化，尽快达成全球统一、透明、公平的规则框架。但同时也需要避免加大“数字鸿沟”和“数字贸易失衡”。要兼顾开放与安全之间的平衡，对国家重要的数字基础设施予以有效的安全评估，分阶段、分层次地推动全球数据经济和数字贸易治理。

第九章

G20框架下全球价值链评估及下一代贸易规则与政策建议

2016 年的 G20 杭州峰会是一次引领全球经济走出危机的风向标会议。而此前 G20 贸易部长会议也批准了《G20 全球贸易增长战略》、首份《G20 全球投资指导原则》，以及积极推进发展中国家融入全球价值链，其具体成果包括：一是第一次发布了全球贸易景气指数；二是此次会议是 G20 贸易部长会议机制化后的第一次会议；三是在前三次贸易部长会议的基础上，本届贸易部长会议在历史上第一次发表了共同声明；四是第一次发布了全球投资指导原则；五是第一次就全球贸易增长问题达成了一份战略性文件，这些成果的达成势必会对世界经济、贸易与增长格局产生深远的影响。

一、G20 主要经济体参与全球价值链的状况评估

全球价值链分工对新兴国家经济新兴发展的贡献。联合国《2013 年世界投资报告》提出，全球价值链分工对世界经济新兴发展有显著贡献，附加值贸易对新兴发展中国家 GDP 的平均贡献率几乎达到 30%，对发达国家的平均贡献率为 18%。

本章采用世界投入产出数据库（WIOD）的数据，测度、比较和分析 1995—2011 年 G20 主要经济体增加值贸易动态变化过程和演变规律，以及在全球价值链中的结构特征。

1. G20 和全球主要经济体生产关联不断加强

随着经济全球化和贸易自由化的深入发展，世界各国之间的依赖程度不断加强，经济联系也更为紧密，中国逐渐取代日本成为亚洲制造的中心，且与全球主要经济体的生产关联不断增强。

从生产的角度来看，中国与全球主要经济体的关联在不断加强，中国最终需求对其他经济体的拉动和推动作用不断增强。一般来讲，产业拉动作用的大小可以用后向关联程度来衡量，后向联系是指某产业增加单位最终产品对下游行业的拉动，常用影响力系数来测度，影响力系数越大，则该产业对下游产业的拉动作用越强；推动作用则用前向关联程度来衡量，前向联系是指某产业增加单位最终产品，其上游产业所受到的需求感应程度，常用感应度系数来测度，感应度系数越大，则该产业对上游产业的推动作用越强。我们运用 WIOD 1995—2011 年国际投入产出表，测算 G20 和全球主要发达经济体间的生产关系，得到 1995—2011 年间，在全球生产链中，中国对其他国家的拉动作用有限，对各经济体的影响力系数均小于 1，影响力主要集中在亚太地区，包括日本、美国、韩国和中国台湾，在欧盟，对德国的拉动作用相对较大，而对墨西哥和法国等其他经济体的拉动作用则较小。从整体上来看，中国后向关联程度最大的经济体主要有日本、美国、韩国、德国和中国台湾，中国与其的后向关联程度分别为 0.52、0.50、0.43、0.27 和 0.25。从具体产业来看，中国后向关联程度最高的产业为高技术制造业—电气机械及器材制造业，该产业与以上 5 个经济体的后向关联最强。此外，中高技术制造业中的通用专用设备制造业和交通运输设备制造业与日本和德国的后向关联也较强。

相反，在此期间，中国受其他经济体的拉动影响则在不断增强，特别是在 2007 年之后，中国成为全球主要经济体后向关联程度最高的国家。例如，1995—2002 年印度尼西亚后向关联程度最大的国家是日本，而 2007—2011 年则为中国；1995—2002 年美国始终是日本和韩国后向关联程度最大的国家，但自 2007 年起中国替代了美国成为日本、韩国后向关联程度最大的国家，且对中国的拉动作用不断增强，分别从 2007 年的 0.63、1.41 和 0.53 上升到 2011 年的 0.91、2.08 和 0.77；美国 1995—2002 年后向关联程度最大的国家是加拿大，而自 2007 年起由中国替代了加拿大，同时其与中国的关联程度也呈上升趋势，由 2007 年的 0.61 增加到 2011 年的 0.89。1995 年，英国和德国与中国的后向关联程度非常低，分别仅为 0.11 和

0.08，而到 2011 年，英国与中国的后向关联系数上升到 0.72，仅次于与美国的后向关联程度，德国与中国的后向关联系数则上升到 0.95，中国成为德国后向关联程度最大的国家。

从产业结构来看，在与中国后向关联最强的国家中，高技术和中高技术制造业对中国的总体拉动作用较强，但拉动作用最强的部门是低技术制造业，如纺织业和纺织服装鞋帽皮革羽绒及其制品业。2011 年，日本与中国的后向关联系数为 0.91，关联程度最大的部门为纺织业，后向关联系数为 0.07，其次为通用专用设备制造业（0.11），电气机械及器材制造业（0.15）和交通运输设备制造业（0.10）；美国与中国的后向关联系数为 0.89，后向关联最强的部门为纺织服装鞋帽皮革羽绒及其制品业（0.10），其次为电气机械及器材制造业（0.05）和交通运输设备制造业（0.08）；韩国与中国的后向关联系数在所有经济体中最高，达到 2.08，其中水上运输业对中国的拉动作用最大，后向关联系数为 0.28，其次为纺织业（0.15），通用专用设备制造业（0.10），电气机械及器材制造业（0.15）和交通运输设备制造业（0.10）；中国台湾与中国大陆的后向关联系数为 1.51，后向关联最强的部门分别为电气机械及器材制造业（0.16），通用专用设备制造业（0.11）和交通运输设备制造业（0.10）；德国与中国的后向关联程度为 0.95，相应的部门有纺织业（0.10），电气机械及器材制造业（0.09）和纺织服装鞋帽皮革羽绒及其制品业（0.08）；英国与中国的后向关联系数则较小，仅为 0.72，相应的部门则有电气机械及器材制造业（0.08）和纺织业（0.06）。从产业结构可以看出，其他经济体纺织业需求的变化对我国的影响较大，同时，在高技术和中高技术产业，目前我国还停留在产业的下游，为上游的其他经济体提供原材料和进行生产，并且在全球生产网络中，作为产业下游参与生产的程度在不断提升。

从前向关联程度来看，1995—2011 年中国对其他国家的前向关联程度也较弱，与各国的前向关联系数均小于 1，整体上来看，中国前向关联程度最大的国家主要有美国、日本、韩国和德国，中国与其的前向关联程度分别为 0.68、0.41、0.31 和 0.23，这说明中国的产品主要在亚太地区有较强的感应力。从具体产业来看，中国的水上运输业和航空运输业的前向关联程度最高，其中，水上运输业与日本、韩国和德国的关联最强，航空运输业则与美国的前向关联最强。此外，电气机械及器材制造业与美国和德国也有较高的前向关联。

相反，中国对其他国家的感应力则在不断增强。特别是 2007 年之后，中国成为全球主要经济体前向关联程度最高的国家。例如，1995 年德国前向关联最强的国家为法国、美国和英国，与中国的前向关联程度较弱，仅为 0.09，然而，2011 年中国超越法国和美国，成为德国前向关联程度最高的国家，前向关联系数达到 0.91；1995—2007 年，印度尼西亚前向关联程度最大的国家一直是日本，但 2011 年则为中国；1995—1997 年日本和俄罗斯前向关联程度最大的国家为美国，而 2002 年之后为中国，而且前向关联系数不断上升，分别从 2002 年的 0.58 和 0.68 上升到 2011 年的 1.50 和 1.31；对于韩国和中国台湾而言，1995 年之后，中国始终是它们前向关联程度最大的国家和地区，且关联程度稳步增强，关联系数分别由 1997 年的 1.21 和 1.83 上升到 2011 年的 3.29 和 4.84；对于美国而言，其前向关联程度最大的国家由 1995 年的日本转为 1997—2002 年的加拿大，2007—2011 年再转为中国，2011 年，与中国的前向关联系数为 0.70。

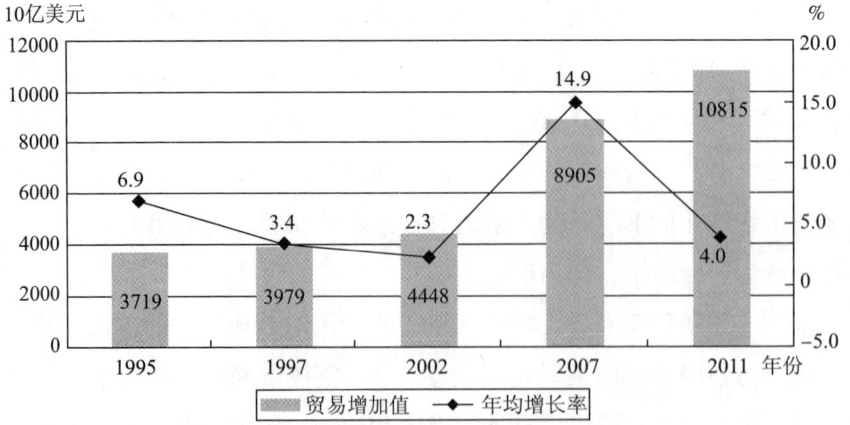

图 9－1　1995—2011 年 G20 贸易增加值及增速

从产业结构来看，在与中国前向关联系较大的国家中，发达国家如美国、日本、德国的高技术制造业与中国的前向关联最强，2011 年，德国、美国和日本与中国的前向关联程度为分别为 0.91、0.70 和 1.50，其中电气机械及器材制造业与中国的前向关联则分别达到 0.1、0.08 和 0.18，为以上三国与中国前向关联最强的产业，除了高技术制造业，部分中高技术和中低技术制造业与中国的前向关联程度也较强，如德国的通用专用设备制造业（0.10），化学原料及化学制品制造业、化学纤维制造业（0.7）和金属制品业（0.6）；美国的金属制品业（0.07），通用专用设备制造业（0.05）和化学原料及化学制品制造业、化学纤维制造业（0.05）；日本的化学原料及化学制品制造业、化学纤维制造业（0.13）、纺织业（0.12）、橡胶和塑料制品业（0.12）和金属制品业（0.12）。韩国与中国的前向关联程度为 3.29，与中国前向关联最大的产业为化学原料及化学制品制造业、化学纤维制造业，关联系数达到 0.40，其次为航空运输（0.40）和电气机械及器材制造业（0.31）。

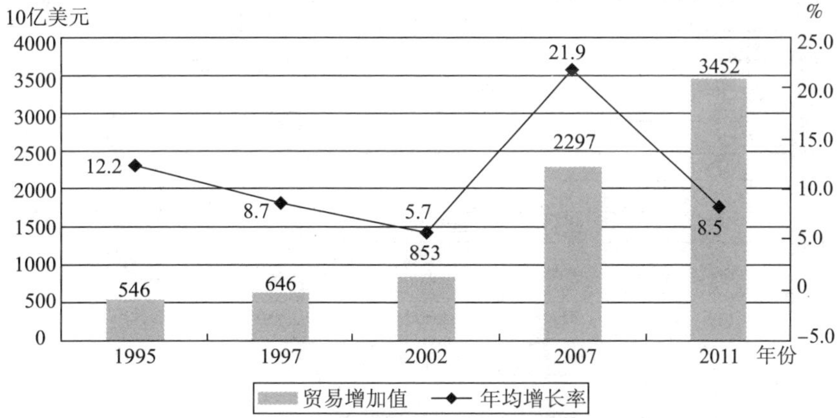

图 9－2　1995—2011 年 G20 新兴经济体贸易增加值及增速

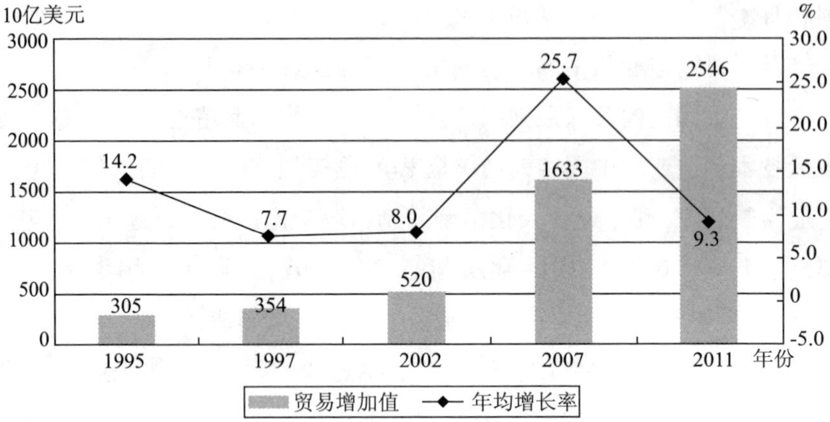

图9-3　1995—2011年金砖四国贸易增加值及增速

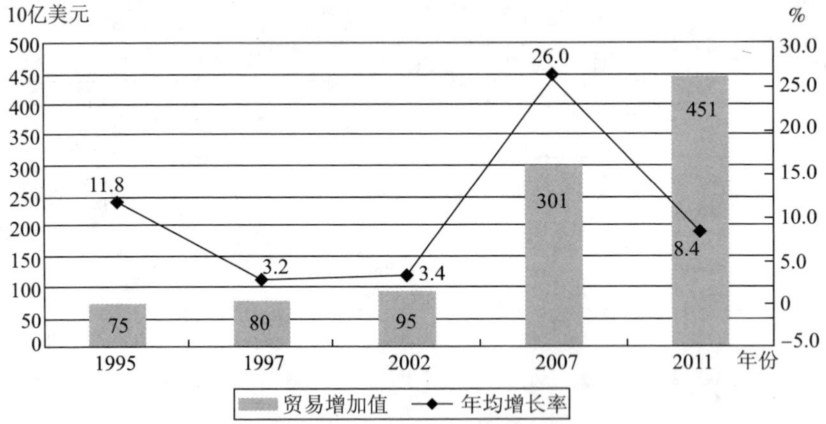

图9-4　1995—2011年俄罗斯贸易增加值及增速

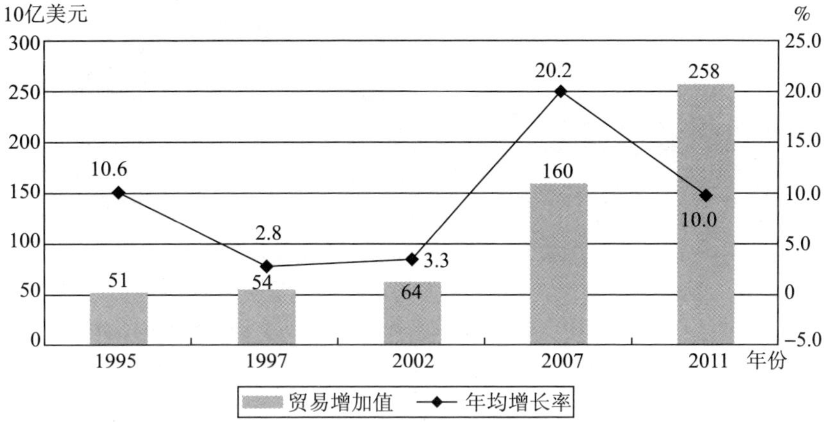

图 9－5　1995—2011 年巴西贸易增加值及增速

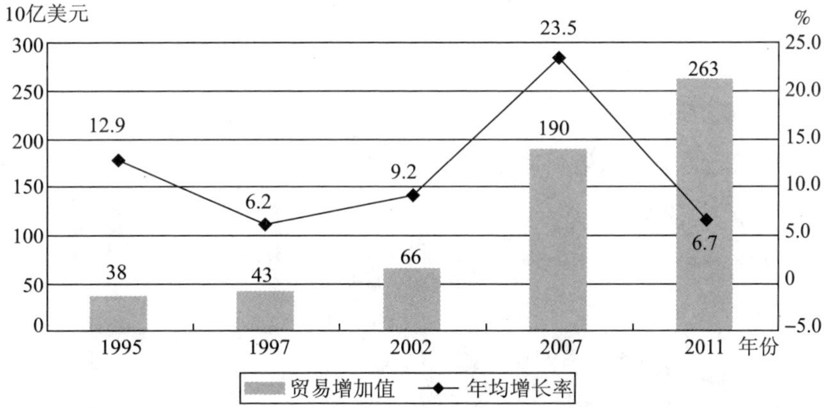

图 9－6　1995—2011 年印度贸易增加值及增速

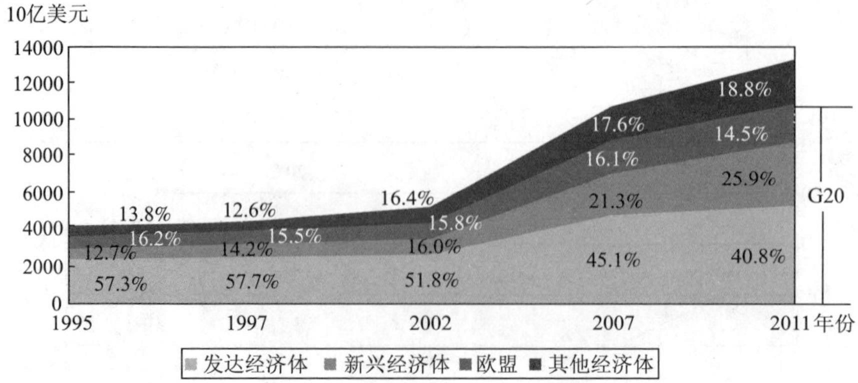

图 9－7　1995—2011 年 G20 及其他经济体贸易增加值及市场份额

2. 中国成为全球经济体中中间品贸易和贸易增加值最大的国家

改革开放以来，我国加工贸易一直处于较明显的优势地位，但国际金融危机后其占比却呈下降趋势，而一般贸易则在波动中总体表现为上升趋势，增长速度超过加工贸易，两者之间的差距不断缩小，2009 年一般贸易实现反超。

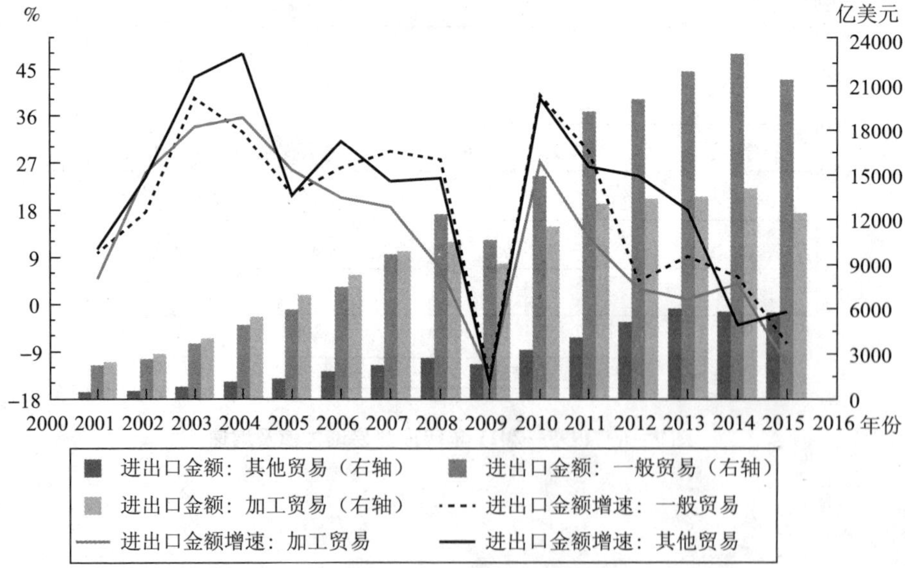

图 9－8　“入世”以来中国进出口贸易结构增长变化情况

资料来源：中国海关总署。

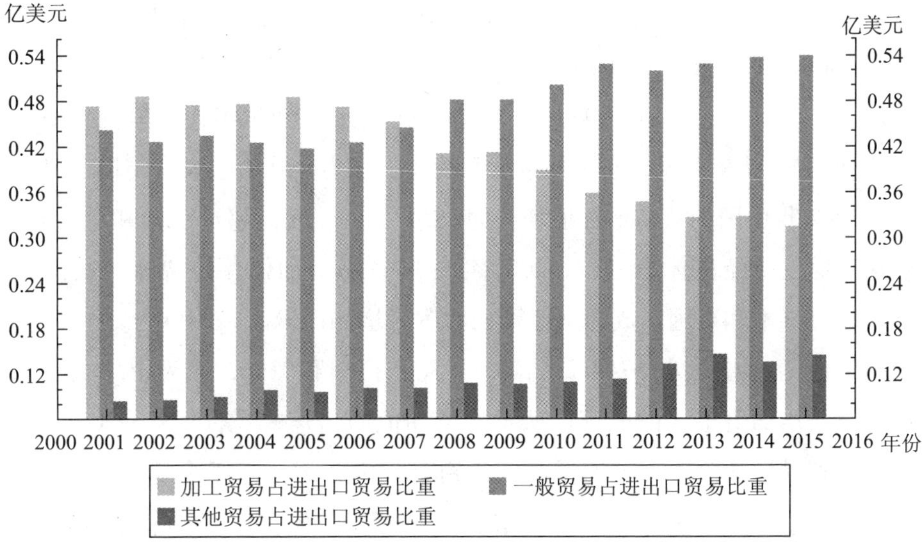

图 9－9　中国一般贸易超过加工贸易占主导地位

资料来源：中国海关总署。

（1）中国已成为全球中间品贸易大国。如果一国或地区出口越来越多地依赖于中间品进口，或者说出口产品中隐含着越来越多的区外增加值，说明其参与国际分工的程度在不断加深。在全球产业链的形成与新兴发展进程中，中国在劳动力资源、成本以及基础硬件设施等方面占据着比较优势，从而逐步确立了中国在全球中间品贸易的核心地位。目前中国已经形成了“进口半成品→东亚→加工装配（国内）→出口贸易（欧美）”的中间品贸易模式。从目前中间品贸易新兴发展来看，东亚各国对中国贸易的依存度均高于欧美国家。UN Comtrade 统计数据显示，中国从东亚地区进口中间品的贸易量占中间品总进口比重较高。从全球范围来看，中国正在成为全球中间品贸易的核心与枢纽。

（2）中国已经成为全球贸易增加值最大的经济体。测算结果表明，中国正逐步超越日本、美国和德国等发达经济体，成为全球主要经济体中贸易增加值最大的经济体。1995 年，中国的贸易增加值仅为 1404.3 亿美元，居全球主要经济体第九位，其他贸易增加值从高到低依次为美国、德国、日本、法国、英国、意大利、加拿大和荷兰，贸易增加值分别为 6320.0 亿美元、4586.1 亿美元、4444.8 亿美元、2632.4 亿美元、2395.5 亿美元、2119.7 亿美元、1570.4 亿美元和 1472.2 亿美元。1997 年，中国贸易增加值达到 1767.0 亿美元，超过加拿大和荷兰，成为全球第七大贸易增加值国家，2002 年中国的贸易增加值增长为 2951.2 亿美元，超过法国和意大利，位居全球主要经济体第五位，2007 年中国贸易增加值保持快速增长的趋势，超过日本和英国，成为全球第三大贸易增加值国家，2011 年，中国贸易增加值迅速增长到 15744.2 亿美元，超越德国和美国，成为全球主要经济体贸易增加值最大的国家。从贸易增加值的增速来看，1995—2011 年，中国的贸易增加值年均增速最高，达到 16.3%，远远高于全球 7.3% 的增速；其次为立陶宛和印度，年均增速分别为 13.1% 和 12.9%；在全球 40 个主要经济体中，日本的年均增速最慢，仅为 3.2%，其中 1995—2002 年间贸易增加值为负增长，1995—1997 年和 1997—2002 年间的贸易增加值分别下降 2.9% 和 1.1%，2002—2007 年则以 10% 的速度增长，2007—2011 年增速下降为 2.7%；美国和德国的贸易增加值增长缓慢，且低于全球增速，1995—2011 年的年均增速分别为 5.4% 和 5.7%。

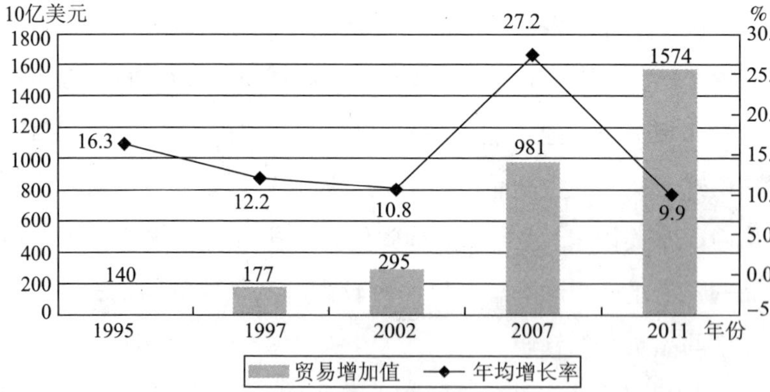

图 9－10　1995—2011 年中国贸易增加值及增速

从单位出口所获得的增加来看，全球每出口 1000 美元所带来的国内增加值呈下降趋势，1995—2011 年分别为 783 美元、781 美元、753 美元、

711 和 724 美元；中国每出口 1000 美元带来的国内增加值略高于全球水平，但总体仍呈现下降的趋势，1995—2011 年每出口 1000 美元带来的国内增加值分别为 836 美元、853 美元、808 美元、731 和 755 美元。对于资源型经济体，每出口 1000 美元带来的国内增加值都较高，且呈现逐年上升的趋势，如俄罗斯每出口 1000 美元带来的国内增加值 1995 年为 918 美元，2011 年上升至 928 美元；巴西每出口 1000 美元带来的国内增加值则次之，2011 年为 876 美元；最后为澳大利亚，2011 年为 855 美元。

发达经济体中日本、美国、加拿大和英国每出口 1000 美元带来的国内增加值均高于中国，除加拿大呈上升趋势外，均呈现出下降的趋势。日本每出口 1000 美元带来的国内增加值高于美国，且二者都呈现出逐年递减的趋势，1995—2011 年日本和美国每出口 1000 美元带来的国内增加值分别为 918 美元、903 美元、891 美元、829 美元和 815 美元及 826 美元、820 美元、802 美元、788 美元和 790 美元。德国每出口 1000 美元带来的国内增加值略低于全球水平，整体也呈现出下降趋势，1995—2011 年每出口 1000 美元带来的国内增加值分别为 794 美元、783 美元、758 美元、698 美元和 694 美元。

3. 发达经济体以前向方式参与全球价值链，而新兴经济体则以后向方式参与全球价值链

与参与国际分工相比，参与全球价值链不仅包括产品生产过程的参与，同时也包括产品生产前端研究、设计以及后端营销、售后服务等的参与，因此，全球价值链的参与程度能更加全面地反映出一国参与国际分工的程度。我们将全球价值链的参与区分为前向参与和后向参与，分别用指标前向垂直专业化率（VS1）和后向垂直专业化率（VS）来衡量。所谓前向垂直专业化率（VS1），是指一国出口中作为中间品被其他国家进口的比重，反映出本国产品对其他国家供应链的贡献程度，后向垂直专业化率（VS）是指一国出口中进口中间品的比重，反映出本国出口对进口的依赖程度，因此，前向垂直专业化率与后向垂直专业化率可以综合地反映出一

国参与全球价值链分工的程度。

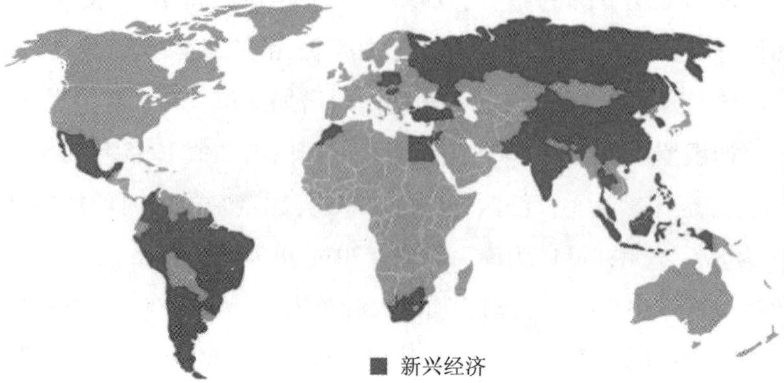

图9－11　G20 中新兴经济体分布

中国作为新兴工业化经济体的代表，主要以后向方式参与全球价值链，其后向垂直专业化程度比发达经济体和资源型经济体高且呈现出不断加深的趋势。新兴工业化经济体处在全球生产链的中下游，主要进行加工组装或贴牌生产，以后向方式参与到全球价值链中，对进口中间品的依赖性较强，表现出后向垂直专业化率高。中国的后向垂直专业化率较高且增长较快，特别是在 2002—2007 年，中国参与全球价值链的程度明显加深，后向垂直专业化率上涨 7 个百分点，到 2007 年达到 24.7% 后，2011 年有小幅下降，1995—2011 年中国的后向垂直专业化率分别为 15.8%、14.1%、17.9%、24.7% 和 21.8%。对于发达经济体和资源型经济体，其后向垂直专业化程度较低，呈上升趋势但增长较慢，作为亚洲生产网络的主要经济体，韩国和中国台湾的后向垂直专业化程度始终高于亚洲其他经济体，1995—2011 年，中国台湾和韩国的后向垂直专业化率分别为 33.0%、33.0%、34.9%、45.8% 和 47.3% 及 24.0%、27.8%、28.2%、34.3% 和 40.3%；同时，作为北美生产网络的重要基地，墨西哥后向参与全球价值链的程度也较高，其后向垂直专业化率为 26.1%、28.0%、30.0%、29.5% 和 30.0%。如美国，日本 1995—2011 年的后向垂直专业化率仅分别为 9.6%、9.6%、9.4%、13.3% 和 14.9% 及 6.3%、8.1%、

9.2%、15.4%和17.0%。

从行业结构来看，除了传统的中低技术制造业，中国中高技术制造业也通过后向方式参与全球价值链，并且参与程度也在不断提升。1995—2011年，传统制造业如造纸及纸制品业，印刷和记录媒介的复制业，橡胶和塑料制品业和金属制品业的后向垂直专业化程度不断加深；电气机械及器材制造业和化学原料及化学制品制造业、化学纤维制造业的后向垂直专业化程度虽然低于传统的中低技术制造业，但呈现出加速上升的趋势，1995—2011 年其后向垂直专业化率分别为 12.1%、13.1%、15.8%、15.6% 和 16.1% 及14.6%、19.8%、23.6%、24.1%和19.3%。

韩国、中国台湾和墨西哥低技术制造业比高技术制造业后向参与全球价值链的程度更深，但不同部门存在着较大的差异。韩国以后向方式参与全球价值链较深的部门主要为低技术制造业，如采矿业，造纸及纸制品业，印刷和记录媒介的复制业，金属制品业。而高技术制造业—电气机械及器材制造业后向参与全球价值链的程度却在减弱，1995—2011 年其后向垂直专业化分别为18.7%、17.2%、17.5%、25.7%和11.3%。中国台湾大部分制造业的后向垂直专业化程度都较高，其中采矿业 2011 年的后向垂直专业化率达到46.4%，1995—2011 年的后向垂直专业化率分别为 16.5%、15.4%、28.3%、32.1%和46.4%，金属制品业的后向垂直专业化率也较高，分别为14.1%、15.4%、17.3%、20.0%和27.9%。墨西哥后向垂直专业化程度最高的也为采矿业，1995—2011 年的后向垂直专业化率分别为 14.5%、14.1%、12.6%、17.1%和30.9%，其他后向垂直专业化较高的部门为化学原料及化学制品制造业、化学纤维制造业，橡胶和塑料制品业和金属制品业。

发达经济体如美国、日本主要以前向方式参与全球价值链，其前向垂直专业化程度比新兴工业化经济体高且呈现出不断加深的趋势。发达经济体美国和日本的前向垂直专业化水平总体呈上升趋势，但美国 2011 年有小幅下降，前向垂直专业化率分别为20.0%、19.9%、24.6%、24.2%和18.5%及16.3%、15.8%、19.4%、22.4%和22.5%。德国的前向垂直专业化水平也呈现小幅上升，但总体较平稳，1995—2011 年前向垂直专业化率分别为 18.1%、17.5%、18.4%、19.7%和 18.7%。新兴工业化经济体的前向垂直专业化程度整体较低，但呈现出上升的趋势，如中国，1995—2011 年的前向垂直专业化率分别为 10.9%、12.0%、14.7%、15.4%和 15.6%。

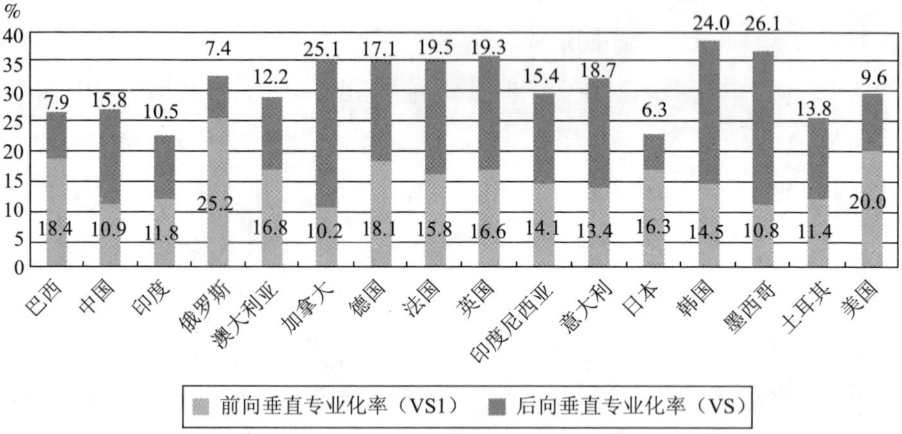

图 9-12　1995 年 G20 新兴经济体和部分发达经济体的全球价值链参与度

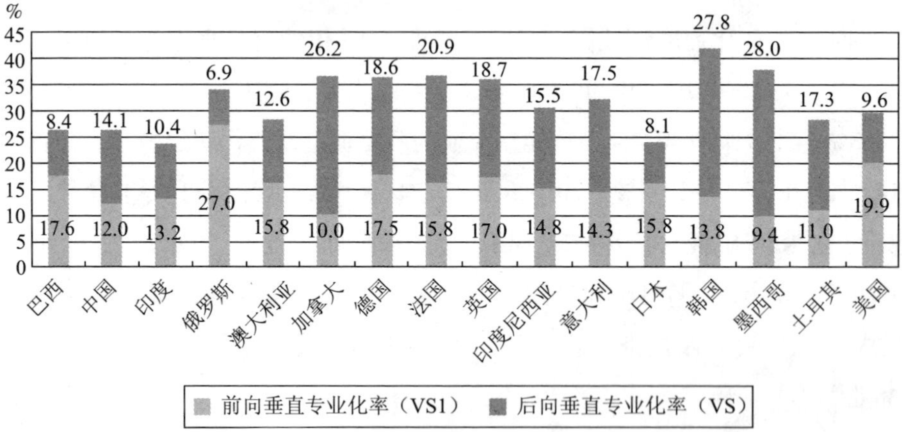

图 9-13　1997 年 G20 新兴经济体和部分发达经济体的全球价值链参与度

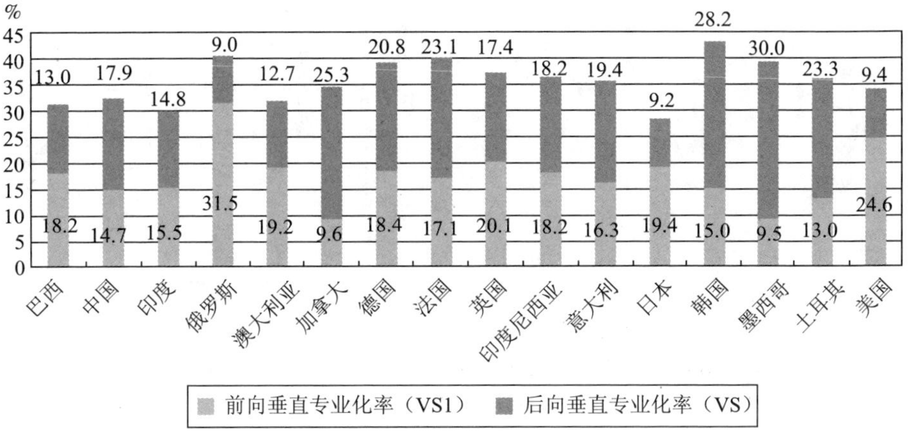

图 9－14　2002 年 G20 新兴经济体和部分发达经济体的全球价值链参与度

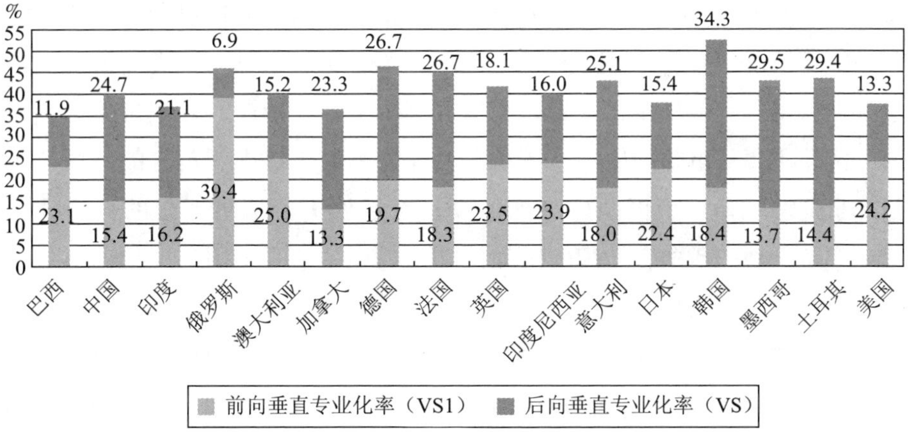

图 9－15　2007 年 G20 新兴经济体和部分发达经济体的全球价值链参与度

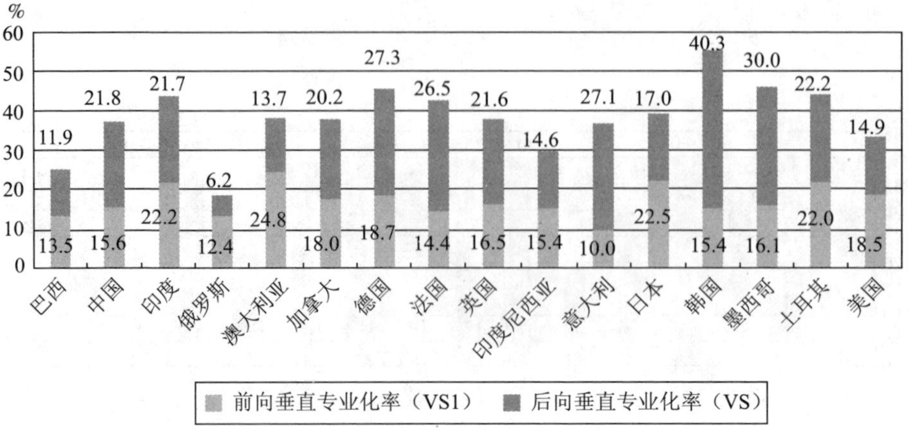

图 9－16　2011 年 G20 新兴经济体和部分发达经济体的全球价值链参与度

4. 新兴经济体在全球价值链中低端徘徊，但升级趋势明显

从全球价值链的分工来看，产品价值由众多的价值环节构成，处于生产不同环节的企业及所在经济体进行着从设计、产品开发、中间产品及最终产品的制造、营销等各种增值活动，其相应创造的价值也并不均衡。在产品的价值链中，一个国家/产业不论以何种方式参与，只要在价值生产过程中获得的价值越多，则越处于价值链的上游。因此，处于价值链上游的经济体主要从事附加值高的活动，表现为单位出口中所包含的国内增加值和折返增加值多，而国外增加值少；对于处于价值链下游的经济体而言，单位出口中所包含的国内增加值和折返增加值少，国外增加值多。将国外增加值分解为出口最终产品的国外增加值和出口中间产品的国外增加值，一般而言，若一国出口最终产品所包含的国外增加值比重上升，则说明一国从事最终产品的加工组装活动，位于价值链的底端；若一国出口中间产品所包含的国外增加值比重上升，则说明一国不再处于价值链的底端，正在进行产业升级。

中国作为新兴工业化经济体，单位出口中的国内增加值比重低于发达经济体和资源型经济体。如 2011 年，发达经济体美国、日本和德国单位出口的国内增加值比重分别为 79.0%、81.5% 和 69.4%，国外增加值的比重则分别为 11.4%、12.6% 和 20.2%；资源型经济体如俄罗斯、澳大利亚单位出口的国内增加值比重则高达 92.8% 和 85.5%，国外增加值也分别仅为 3.7% 和 9.7%。发达经济体单位出口的国内增加值比重与资源型经济体总体相当，但其国外增加值的比重却明显高于资源型经济体，这是由于发达经济体与资源型经济体参与全球价值链的方式以及参与的价值链的长度不同，对于发达经济体，主要从事“微笑曲线”高附加值的活动，通过产品的研发，设计和营销等方式参与全球价值链从而获得较高的国内增加值，而资源型经济体则主要依靠资源禀赋通过在生产阶段向其他经济体提供资源来获得较高的附加值。新兴工业化经济体单位出口的国内增加值比重则远远低于发达经济体和资源型经济体，国外增加值比重远高于发达经济体和资源型经济体，位于全球价值链的中下游，如中国台湾、墨西哥和韩国 2011 年单位出口的国内增加值比重较低，分别仅为 52.2%、68.8% 和 59.1%，而国外增加值比重则高达 31.7%、25.5% 和 29.8%；对于中国，单位出口的国内增加值比重和国外增加值比重介于发达经济体及其他新兴工业化经济体之间，总体上来说，处于全球价值链的中下游。

从折返增加值的角度来看，发达经济体单位出口中的折返增加值比重高于其他经济体，其中美国的比重最高，但与其他经济体的差距在逐步缩小，1995—2011 年，美国单位出口中的折返增加值比重分别为 7.1%、7.7%、9.6%、7.1% 和 5.4%；其次为德国，但呈现出下降趋势，1995—2011 年德国的折返增加值比重分别为 2.8%、2.4%、2.3%、2.1% 和 2.1%。与此同时，中国的折返增加值比重不断上升，增速远远高于其他经济体。到 2011 年，中国的折返增加值比重达到 2.0%，高出日本 0.8 个百分点，1995—2011 年折返增加值比重分别为 0.4%、0.5%、1.0%、1.3% 和 2.0%。而对于俄罗斯等资源型经济体，其折返增加值总体较低，部分经济体的折返增加值率低于新兴工业化经济体，这也进一步说明，尽管资源型经济体单位出口的增加值与发达国家相当，但其参与全球价值链的程度并不深，仅仅是依靠自身的资源禀赋来获得较高的附加值。

从国外增加值的内容来看，中国出口最终产品包含的国外增加值比重要远远高于发达经济体和资源型经济体。中国和墨西哥出口最终产品包含的国外增加值比重在全球主要经济体中最高，但中国出口最终产品包含的国外增加值比重高于出口最终产品包含的国外增加值比重且逐年下降，出口中间产品包含的国外增加值比重逐年上升，1995—2011 年出口最终产品和中间产品包含的国外增加值比重分别为 65.1%、62.1%、63.6%、61.0%和57.3%及34.9%、37.9%、36.4%、39.0%和42.7%，这说明中国制造业仍以加工组装的方式为主，但在逐步地升级，不断向全球价值链高端升级。

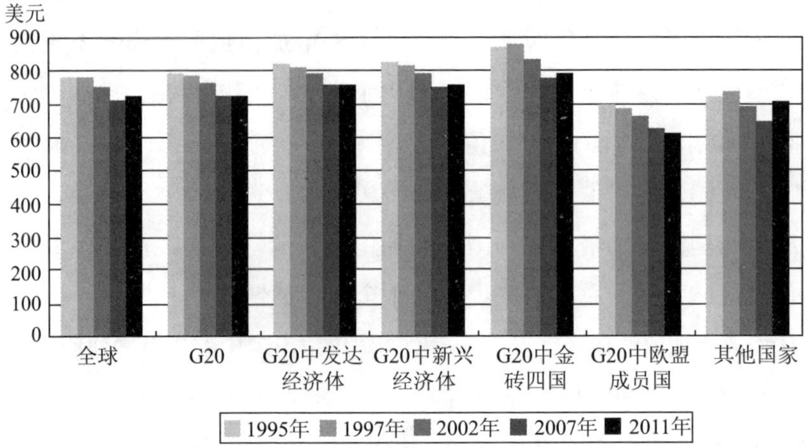

图 9－17　1995—2011 年全球及 G20 每出口 1000 美元所得增加值

二、推进 G20 框架下全球价值链合作倡议与保障计划

推动构建 G20 框架下的全球价值链合作是促进全球新一轮经济和贸易增长繁荣的关键，为此，各国需要共同努力，提出构建包容性全球价值链与增长联动的新倡议及其保障计划。

事实上，在早前的 G20 会议、APEC 会议、中国—东盟领导人会议等全球、区域治理平台上，中国国家主席习近平就提出了一系列新的发展理念。特别是在 APEC 工商领导人峰会上，习近平主席在主旨演讲中再次强调，要建立“共享协调、开放、包容的全球价值链”“提高亚太经济在全球供应链中的地位”“优化亚太供应链、产业链、价值链，形成亚太规模经济效应和联动效应”。可见，建立包容的全球价值链对亚太经济发展有着深远的影响。

G20 贸易部长会议声明中的任务和承诺，包括不采取新的贸易保护主义措施并取消有关措施、贸易便利化、世界贸易组织、其他贸易协定、全球投资政策指导原则以及促进包容的全球价值链等方面。因此，刚刚通过的 G20 贸易增长战略也明确指出进一步推动世贸组织《贸易便利化协定》能显著降低全球贸易成本，促进贸易发展，帮助中小企业融入全球价值链。G20 致力于进一步采取措施降低贸易成本并鼓励所有世贸组织成员全面实施《贸易便利化协定》，根据经合组织和世贸组织的测算，全面实施《贸易便利化协定》可将全球贸易成本降低 15%。G20 集团成员感谢经合组织、世贸组织、世界银行对贸易成本监测所做的工作。G20 成员同意能力建设和技术援助对于保证最有需要的发展中国家实现此目标至关重要，并将继续支持这方面的努力。

1. 积极构建全球价值链导向的开放包容性政策体系

构建开放包容性政策环境是促进全球价值链高水平合作的核心。一是要积极改善投资环境有效提升国际直接投资，从而促进全球价值链的新兴发展。早前的 APEC 框架内已有许多关于促进投资的承诺，如《亚太经合组织非约束性投资原则》《亚太经合组织投资战略》《投资便利化行动计划》等。但是全球性的投资规则尚未建立。为此，需要在 G20 框架内建立全球性投资规则的意向。

二是采取有效的贸易便利化措施。WTO 巴厘“一揽子”早期收获中的贸易便利化协定将极大地促进全球贸易和价值链的新兴发展。但是，目前批准的成员数尚未达到该协定可以生效的 2/3。因此，G20 框架内依然可以达成支持贸易便利化措施的共识，不仅要在 G20 成员国推行贸易便利化措施，还要积极促成 WTO 贸易便利化协定的早日生效。

三是推动下一代投资政策。全球价值链合作水平的提升将进一步带动全球跨国投资，而全球跨国投资的新兴发展又将进一步提升全球价值链合作水平。当前，UNCTAD 准备在贸易增加值核算的基础上研发新一代投资政策框架，建立能够促进跨国投资可持续增长的投资争端解决机制，为投资法、双边投资协定、自贸区构建模板。因此，可以在 G20 框架下加快推动下一代投资政策和全球投资协定的达成。

四是推动综合性政策的平衡与协调。全球价值链建设是一个复杂的系统工程。涉及创新、劳工技能水平、基础设施建设、跨国企业社会责任标准、环保等，影响到一国在全球价值链的位置。因此，G20 应统筹考虑产业政策、创新政策、劳工政策、环保政策等的平衡。

五是大力促进数字价值链的发展。当前，G20 集团在贸易增长战略中已经明确要加强对数字贸易以及新一代信息技术对传统货物贸易的影响研究。G20 认识到中小企业正在融入全球贸易。为了使中小企业和发展中国家能更好地获取数字技术，获得更大的利益，并帮助其实现包容性贸易增长，G20 集团成员鼓励政府和企业进行对话，找出电子商务发展面临的机遇和挑战，研究讨论贸易领域相关政策、标准和模式。增加对话可加强政策方面的协调合作。G20 集团成员注意到 G20 集团工商界搭建全球电子商务合作平台的倡议。

2. 以降低成本为切入点，提升全球价值链合作水平

降低进入成本是提升全球价值链分工和国际产业合作水平的核心和关键环节。在全球价值链分工的背景下，产品的生产环节位于不同的国家，为了优化国际产业合作，将综合考虑各经济体的生产成本，以及产品在生产过程中、最终成品销售时的贸易成本。在此情形下，降低生产成本、贸易成本以及循环成本等将提升参与全球价值链分工和国际产业合作各成员的经济福利。

首先，降低贸易成本。贸易成本包括关税壁垒和非关税壁垒以及贸易保护政策施加的贸易障碍。其中，关税壁垒和非关税壁垒较为稳定，贸易保护政策则具有周期性，受到经济形势的影响。目前世界各经济体的平均

关税水平已经较低，但是仍有下降的空间。以 TPP 为代表的高标准自由贸易协定（FTA）致力于将关税降为零，但这一区域性的贸易自由化安排会产生贸易转移效应，破坏全球价值链的包容性。未来仍应以世界贸易组织（WTO）多边框架的降关税为主。G20 应协调各经济体，争取在 WTO 框架内取得降关税的成果。

非关税壁垒很重要的一个成果是 WTO 的贸易便利化协定（TFA），G20 应推动该协定的早日生效。根据规则，TFA 生效的条件是超过 2/3 的成员国批准。目前，基于国内程序批准该协定的成员才 60 余个，离 2/3 的前提条件尚有不小的差距。G20 应在促成 TFA 的生效方面进行讨论、做出努力。此外，G20 还应致力于降低金融危机以来的贸易保护措施。根据 WTO 统计，金融危机以来，各国施加的贸易限制措施明显增加。为降低各国贸易保护措施，G20 除要像原有的峰会那样将反对贸易保护主义写进共同声明外，还应试图建立监测贸易保护措施的指标，对全球贸易保护程度进行量化和预警。

其次，降低生产成本。生产成本主要由要素价格和生产率（技术水平）决定。要素价格包括劳动力价格（工资）、资本价格（利率）、土地价格（租金）等。由于本国劳动生产率和全要素生产率等影响，人力资本难以大幅降低。因此，降低资本价格就成为最现实可行的选择。新兴发展程度低的国家资本较为稀缺，资本成本更高；发达经济体由于资本丰裕，资本价格较低。因此，为在全球范围内布局生产，应该促进发达经济体资本流向新兴发展中经济体，降低新兴发展中经济体的融资成本。因此，G20 应该在增强对新兴发展中经济体的直接投资方面有所作为。

除要素价格外，通过提高技术水平、提升生产率降低生产成本也是可持续性的举措。随着经济体的新兴发展，资本积累不断增加，资本回报率会不断降低，流入该经济体的资本速度会减缓，从而使得降低资本价格变得困难起来。此时，资本积累主要依赖于经济体自身的经济新兴发展和资本积累能力，很难再通过促进资本流入的形式增加资本。只有技术创新、生产率的提高是处于任何新兴发展阶段的经济体都可以降低生产成本的方法。G20 始终将创新放在各大议题的首位。2016 年中国举办的杭州峰会主题是“构建创新、活力、联动、包容的世界经济”，G20 可以将创新中的提高生产率作为降低生产成本的方法。

最后，降低循环成本。贸易成本和生产成本需要统筹考虑。随着贸易成本的下降，经济体由于贸易开放获得较快的经济新兴发展速度，继而自身的经济总量不断增加。在这一过程中，该经济体的各类要素价格必将上涨，从而推高要素成本。在贸易成本下降空间有限、要素成本上涨的背景下，通过提高生产率来降低生产成本、继而降低总成本成为最现实和最可持续的选择。

因此，G20 提升全球价值链合作水平，在降低贸易成本和生产成本时应有优先次序，即首先定位于降低贸易成本、通过促进直接投资降低东道国的资本价格，然后最终通过促进创新来降低生产成本。为了降低循环成本，加快循环速度，各国应消除供应链壁垒，促进贸易投资便利化。一方面要在多边贸易体制下，落实巴厘会议贸易便利化协议，督促发达国家对新兴发展中国家提供技术支持。另一方面要在区域协议下，积极推动贸易便利化，消除供应链壁垒。

3. 加大全球软硬基础设施建设，提升价值链参与水平

在全球价值链的生产布局中，基础设施（如公路、港口、机场、电信、互联网等的高效连接）是吸引全球价值链活动的关键。对此，G20 应全面促进基础设施综合链条的量、质、效。建设专项基础设施链，如交通链（海陆空联运，有形要素的流动）、信息通信链（信息流）和金融链（资金流）的建设。既要增加这些链条有形部分的建设，也要提高这些链条运营的效率，增进多种基础设施之间的合力。

在软性基础设施方面，要积极增加知识资本和人力资本投入，促进产—学—研链条建设。全球价值链最核心的是知识资本的竞争。要全方位夯实研发与创新基础，尤其要促进人力资本和创新体系建设。要从全球价值链运营中对特定人力资本和知识资本的最新取向，定位国家、产业和企业在人力资本培育和创新体系建设的方向，要促进G20国家在产、学、研三者方面的紧密融合。

此外，G20贸易增长战略也高度关注贸易融资问题。当前贸易融资的缺口阻碍了全球贸易和经济增长。贸易融资缺口在最贫困的国家尤为明显，尤其是在非洲、亚洲发展中国家以及发展中小岛国，这些国家在获取相应知识技能运用贸易融资工具方面也面临挑战。世贸组织在世界银行和多边、区域开发银行现有贸易融资促进项目的支持下，针对贸易融资和中小企业所做的研究及提出的建议。

4. 构建基于全球价值链的大中小企业伙伴计划

促进中小企业融入全球价值链，这与强调机制和高标准经贸规则的相关议题是一致的，如TPP的中小企业章节也是致力于促进中小企业参与国际贸易和投资活动。因此，建议，一是要在G20框架下取缔具有保护性质的非关税措施，构建“全球价值链大中小企业伙伴关系计”，在知识产权保护、税收减免、技术转移、市场监管等方面给予政策支持，使小企业更好地融入到全球价值链分工网络中，更好地发挥原材料供应商、零部件供应商、生产出口商、跨国公司分包商以及进入海外市场的服务商等的作用。

二是基于“安塔拉倡议”，各国应当加大扶持中小企业参与全球价值链和国际经济体系。鼓励并支持世界中小企业论坛，作为加强市场中小型企业新兴发展的协调机构。

三是支持并加强国际组织的贸易融资和贸易促进工作，特别是支持中小型企业和新兴市场经济体的机构。

四是通过国际商会和B20，加强促进中小企业在全球价值链参与中的对话和交流。建立一个促进对话和交流的机制以借鉴商业新兴发展经验。

5. 推动G20与APEC对接，形成G20全球价值链合作框架

亚太地区全球价值链贸易和分工在世界占据着重要位置。为研究亚太经济与合作组织（APEC）地区全球价值链贸易现状，应使用增加值贸易数据进行分析。为计算增加值贸易，需要使用国家间投入产出表。可以使用拥有连续时间序列数据（1995—2011 年）的世界投入产出数据库（WIOD）进行分析。该数据库包含 40 个经济体，其中有 10 个 APEC 经济体，它们分别是澳大利亚 、加拿大 、中国 、印度尼西亚、日本、韩国 、墨西哥 、俄罗斯 、中国台湾 、美国。从经济上来讲，这 10 个经济体是 APEC 的主要成员，具有代表性。基于购买力平价方法计算，2011 年，它们的国内生产总值（GDP）占所有 APEC 成员的比重是 93% 。无论是从传统总值出口还是从增加值出口数据来看，APEC 地区代表性成员在世界出口中都占据了大约 20% 的比重，而且近年来以增加值出口衡量的比重还略高于以传统总值出口衡量的比重。因此，APEC 地区（增加值）贸易在世界贸易中占据着重要位置。

APEC 已经提出促进全球价值链新兴发展合作战略蓝图。2014 年 5 月，APEC 贸易部长会议批准了《促进亚太地区全球价值链新兴发展战略蓝图》和《全球价值链中的 APEC 贸易增加值核算战略框架》，试图共同营建有利于全球价值链新兴发展的核算体系与政策环境。两大相关倡议一起被列入当年 APEC 领导人非正式会议的共同宣言中。由此可见，APEC 已经走在了全球价值链合作的前面，值得 G20 借鉴。

同时，G20 也需要推进全球价值链合作议题。G20 成员有广泛的代表性，G20 推进全球价值链合作议题有助于整个世界范围内的全球价值链的新兴发展。目前，G20 有意推进全球价值链的包容性和协调性，特别是加强新兴发展中国家和中小企业融入全球价值链的程度以及提升其在全球价值链中的获益能力。在以往工作的基础上，形成关于全球价值链的战略计划是 G20 迫切需要推动的重要工作。在 G20 存在建立全球价值链战略合作框架的需求情况下，有必要与已有相关经验并已展开行动的 APEC 对接。

此外，G20 与 APEC 拥有重要的重合成员国。G20 有 20 个经济体，APEC 有 21 个经济体，其中重合的经济体有 9 个：澳大利亚、加拿大、中国、印度尼西亚、日本、墨西哥、韩国、俄罗斯、美国。这 9 个经济体，无论是对于 G20，还是对于 APEC，均具有很强的代表性。2013 年，这 9 个经济体的 GDP 总量占 G20 总量的 53.67%，占 APEC 总量的 89.86%。这是 G20 与 APEC 对接的基础。

G20 与 APEC 成员的重合性有利于将 APEC 全球价值链的合作经验推广到 G20 层面。上述 9 个经济体是 APEC 经济体中最大的，从 GDP 来看，它们是 APEC 经济总量最大的 9 个成员。在这 9 个经济体的基础上，再加上 G20 成员中的欧洲、南美洲、非洲、中东地区的代表性经济体和缺席 APEC 的印度，能使 G20 全球价值链合作议题更易于推广下去。

基于 APEC 全球价值链战略合作框架，G20 和 APEC 可以在如下领域进行合作：

第一，应对影响全球价值链新兴发展的贸易投资壁垒。降低贸易投资壁垒意味着降低贸易成本，这使得商品在经济体之间的流动更加便利，投资更加便利。相比产品在单一国家生产的传统分工模式，全球价值链分工制造出来的产品会额外增加跨越国境的成本，并且跨越次数越多成本越高。这意味着即便是较低的贸易壁垒也会带来很高的成本。研究表明，在考虑跨越国境后，各产业面临的实际关税要远大于名义关税（见表 9－1）。同样，如果削减贸易壁垒，则将会大幅降低各产业面临的实际贸易成本。

表 9－1　货物贸易各产业的名义关税和实际关税

%

产业	1995 年		2000 年		2008 年	
	名义关税	实际关税	名义关税	实际关税	名义关税	实际关税
农林牧渔	18.8	24.6	14.3	19.2	9.1	13.5
采掘业	1.5	0.5	1.4	0.9	0.7	0.2
食品、饮料和烟草	26.0	44.0	17.6	34.9	9.8	17.6
纺织业、皮革及鞋类制品	12.5	20.5	11.2	15.9	10.3	19.5
木材及其制品	5.3	3.7	4.7	4.4	3.9	3.3
纸浆、纸张、纸制品、印刷和出版	5.7	8.4	4.1	5.7	2.1	2.5
焦炭、炼油产品及核燃料	3.3	8.0	3.7	6.1	3.2	12.5

续表

产业	1995 年		2000 年		2008 年	
	名义关税	实际关税	名义关税	实际关税	名义关税	实际关税
化学制品	6.1	9.1	4.9	8.0	3.2	5.3
橡胶和塑料制品	9.2	17.1	8.2	29.9	6.6	13.4
其他非金属矿物制品	7.3	12.7	6.0	6.4	5.3	10.4
基本金属	5.5	9.8	4.6	8.4	2.6	3.8
金属制品	6.8	11.5	6.1	10.0	4.8	9.8
其他机械和设备	5.0	6.4	3.9	5.2	2.9	4.1
办公、会计和计算机设备	4.6	5.3	1.6	-0.6	0.6	-2.1
电器机械和设备	6.1	9.2	4.9	8.0	3.8	7.0
广播、电视和通信设备	7.0	11.1	3.2	3.5	2.7	4.2
医疗、精密和光学设备	5.2	6.7	3.2	2.1	2.2	2.9
汽车、挂车和半挂车	11.9	24.9	11.9	22.4	10.0	23.3
其他运输设备	3.6	1.8	2.9	-0.8	3.4	3.5
其他制造业，再生产品	7.5	12.6	5.3	7.6	4.0	5.2

注：实际关税是指考虑生产过程跨越国境后的叠加关税。

数据来源：Diakantoni，Antonia and Hubert，Escaith. Trade in Tasks，Tariff Policy and Effective Protection Rates. WTO Staff Working Paper ERSD - 2014 - 22，December 2014。

在降低贸易壁垒的同时，还需要配套地降低投资壁垒。从微观意义上而言，全球价值链分工是跨国公司在全球布局的结果。降低投资壁垒有利于跨国公司从福利最大化的角度最优地进行投资，从而使得全球价值链的整体福利最大化。2008 年全球金融危机之后，贸易保护主义抬头。贸易保护政策手段多样，不仅包括传统的反倾销、特殊保障措施等，还包括卫生和植物检疫措施以及技术性壁垒等。WTO 会统计每年各类贸易保护措施的数量（包括发起和执行）。从图 9 - 18 可以看出，2008 年金融危机以来，世界范围内实施的贸易保护措施数量明显增加，尤其是较为隐蔽的技术性壁垒。

在上述背景下，G20 可以考虑建立相应的指标测度和监控贸易与投资壁垒，从而为降低贸易投资壁垒奠定科学基础。由于 APEC 也已设想降低贸易投资壁垒，G20 可以优先考虑在 APEC 地区的经济体中监控贸易与投资壁垒。

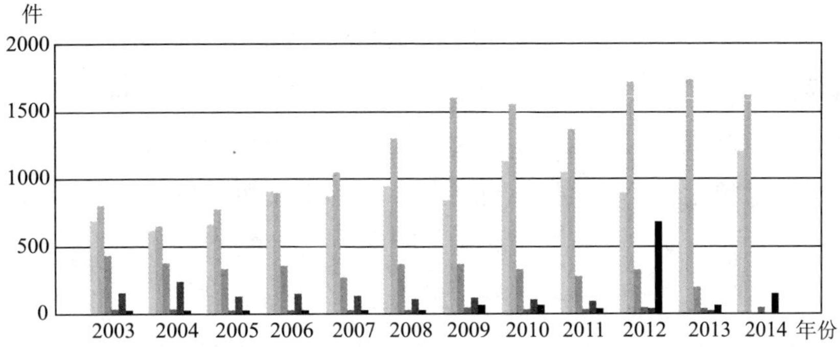

图9－18　2003—2014年世界范围内发起和执行的贸易保护措施数量

第二，全球价值链数据统计合作。按照计划，APEC将成立一个亚太经合组织贸易增加值统计数据中心，进行政策研究、信息交换，开发统计数据的方法，开展有针对性的能力建设项目。目前，APEC在贸易增加值数据统计方面已经做了大量卓有成效的工作，并考虑与WTO－OECD的数据库进行对接。G20可以沟通各经济体之间的贸易增加值数据库对接，成为APEC和欧盟、WTO－OECD进行对话和讨论的平台，从而最终促进整个世界范围内的全球价值链数据库建设。在这一方面，G20具有无可比拟的优势。

第三，大力促进服务贸易新兴发展。由于APEC拥有很多小型经济体，该框架内的服务贸易新兴发展潜力有限。G20各成员之间的货物贸易和服务贸易互补性更强，国家体量也更大，有利于服务贸易的新兴发展。APEC可考虑将自身的服务贸易新兴发展框架扩展到G20层面，更好地服务于新兴发展各经济体的服务贸易。

《G20全球贸易增长战略》也明确承诺实施政策以支持开放、透明和竞争性的服务市场。这将促进服务提供商，尤其是发展中国家和低收入国家的服务提供商参与全球价值链，将有助于全球价值链中货物和服务的流动，支持更加有效的生产和贸易，从而促进全球经济增长，创造新的和更好的就业机会。G20成员同意考虑就促进服务贸易的议题做工作，这将扩大各种形式的服务贸易，为国内经济和全球贸易做出更大贡献。G20 鼓励世贸组织、经合组织和世界银行在其各自授权和资源范围内进一步研究，以向 G20 成员清晰地展示服务业对整体经济及供应链的作用，以及服务业对经济发展和贸易增长以及实现公共政策目标的贡献。国际机构的分析工作将帮助 G20 成员探索可能提高效率、生产力和福祉的政策选择，并考虑到发展水平的差异，最大限度地挖掘 G20 服务业的市场潜力，降低贸易成本。

第四，使新兴发展中的经济体更好地参与全球价值链。无论是 G20 还是 APEC，均应重视新兴发展中的经济体融入全球价值链。APEC 将根据亚太经合组织核心议程制定并实施多年期战略规划，促进新兴发展中经济体融入全球价值链。但是，相比较而言，APEC 中的新兴发展中经济体定位于亚太地区。而 G20 中的新兴发展中经济体规模更大，促进 G20 新兴发展中成员融入全球价值链对全球贸易和投资的带动作用将更加明显。G20 和 APEC 可以考虑促进 G20 新兴发展中经济体更好地融入 APEC 地区全球价值链。

目前，G20 已考虑建立贸易与投资工作组（Trade and Investment Working Group，TIWG），从机制上处理贸易与投资事务。但是关于该工作组依然存在较多尚未解决的问题，如工作组的职责范围、工作组的运行机制等。APEC 1993 年 11 月就建立了贸易与投资委员会（Committee on Trade and Investment，CTI），并于 1995 年重新梳理了 CTI 的工作职责。目前，APEC 的 CTI 有 8 个工作小组和 3 个产业对话机制。G20 的 TIWG 可以借鉴 APEC 的 CTI，并在二者之间建立联系机制，以便于 G20 与 APEC 贸易与投资事务的沟通。此外，G20 在制定全球价值链新兴发展相关战略框架时，还可以充分吸收 G20 中 APEC 成员国的建议，制定基于 APEC 但是又扩展 APEC 框架的全球价值链框架。

6. G20 框架下考虑将全球价值链的贸易投资规则推广到多边层面

G20 可以在考虑将全球价值链的国际经贸规则推广到多边层面时做如

下工作：

首先，探讨如何更好地设计考虑全球价值链的国际经贸投资规则。目前 WTO 框架的规则很少考虑全球价值链，主要是自由贸易协定的规则考虑全球价值链。但是这些自由贸易协定的成员国数量有限，在涉及考虑全球价值链的规则时主要是基于成员国利益的考虑，也主要使成员国受益。未来在将这些规则推广到多边层面时，应考虑 WTO 大多数成员的接受程度。例如，货物关税降到零，对于大多数国家尤其是新兴发展中国家而言，并不具备条件。货物贸易降关税的幅度可以在 G20 框架内讨论。边境内规则设计也应充分考虑到各经济体的差异。而关于新兴发展的协定规则应更加务实有效，能切实起到促进新兴发展中经济体融入全球价值链的作用。

其次，探讨如何处理各国际经贸规则之间的轻重缓急。即便是考虑全球价值链的国际经贸规则，对于全球价值链的促进作用也是不同的。目前，最重要的可能还是培育新兴发展中国家的全球价值链能力，而不是一味地通过降低货物关税来促进贸易增长。然后是标准的制定。标准的制定和推广也应充分考虑新兴发展中经济体的实际情况，从而有利于全球范围内的生产。制定边境内规则需要慎重论证，且要考虑到推广的难度。

第三，探讨将国际经贸规则推广到多边层面的路径和方式。目前考虑全球价值链的国际经贸规则主要是基于自由贸易协定，在将其推广到多边层面时，如何利用现有的自由贸易协定是 G20 需要探讨的问题。此外，如何利用 WTO 来将其推广也是个问题。目前的多哈新兴发展回合久拖不决，是继续利用该回合还是利用别的平台也是需要在 G20 框架下进行讨论的。

当前，在特朗普保守主义的影响下，TPP、TTIP 可能暂时搁浅，这也给推进新的区域整合带来了契机。一直以来，在促进贸易全球化、自由化立场上，中国始终坚持以多边贸易为主，区域贸易安排为辅的立场。尤其强调要支持多边贸易体制，把促进贸易和投资自由化便利化放在更加突出的位置，重振贸易和投资活力，特别是中国积极推动亚太自贸区（FTAPP）作为推进亚太区域贸易整合的重要途径也受到越来越大范围的认同。根据澳大利亚、中国、韩国、新西兰四国学者联合研究报告，在货物贸易自由化、货物贸易自由化+贸易便利化、取消关税+贸易便利化+服务贸易自由化三种情况下，FTAAP 将使 APEC 经济体的国内生产总值（GDP）分别增加 0.55%、2.26% 和 2.33%。对中国而言，FTAAP 所带来的收益是 RCEP 的 2.7 倍。对美国而言，FTAAP 所带来的收益是 TPP 的 2.5 倍。因此，无论是对整个亚太层面，还是对国家层面，FTAPP 都可能创造出更大的经济和社会福利。

而就在秘鲁举行的 APEC 部长和领导人会议也决定，APEC 经济体将在 2020 年底审议“目前的路径”如何为帮助实现 FTAAP 做出贡献。可见，在 TPP、TTIP 可能暂时搁置的情况下，加快推进 FTAAP 进程，向高标准的贸易规则看齐，致力于国际贸易新规则和下一代贸易方式基础上的亚太自贸区协定（FTAPP），推进全球价值链的包容性发展仍将是未来努力和选择的方向。

参考文献

[1] 马涛．全球价值链和附加值贸易统计的发展［D］．中国社会科学院世界经济与政治研究所工作论文，2014（6）．

[2] 罗长远，张军．附加值贸易：基于中国的实证分析［J］．经济研究，2014（6）．

[3] 王岚．全球价值链分工背景下的附加值贸易：框架、测度和应用［J］．经济评论，2013（3）．

[4] 廖泽芳．全球附加值贸易之图［J］．世界经济研究，2014.

[5] 尹伟华．中国制造业参与全球价值链的程度与方式——基于世界投入产出表的分析［J］．经济与管理研究，2015（8）．

[6] 林桂军，邓世专．亚洲工厂及关联度分析［J］．国际经济与政治，2011（11）：124－160.

[7] 王金强．亚太供应链合作关系的构建与中国的政策选择［J］．东北亚论坛，2015（1）：42－51.

[8] 张晓静．亚太区域合作深度一体化与生产网络的关联性［J］．亚太经济，2015（1）：3－8.

[9] 宋玉华，张海燕．亚太价值链解构与中国的利得——基于 APEC 主要国家的投入产出分析［J］．亚太经济，2014（2）：52－59.

[10] 邓军．所见非所得：增加值贸易统计下的中国对外贸易特征［J］．世界经济研究，2014（1）．

[11] 李昕．中国外贸依存度和失衡度的重新估算——全球生产链中的增加值贸易［J］．中国社会科学，2013（1）．

[12] 中国社会科学院工业经济研究所：中国工业发展报告（2014）［M］．北京：经济管理出版社，2014.

[13] OECD (2010) . The OECD Innovation Strategy: Getting a Head Start on Tomorrow [M] . Paris.

[14] OECD (2011) . New Sources of Growth: Intangible Assets, Preliminary Evidence and Policy Issues [EB/OL]. www. oecd. org/innovation/strategy.

[15] OECD. "What Explains Countries" Export Performance and Integration into Global Value Chains? [R]. DSTI Working Paper, forthcoming, 2011b.

[16] OECD, WTO, UNCTAD (2013) . Implications of Global Value Chains for Trade, Investment, Development and Jobs, 6th Aug.

[17] OECD (2011) . OECD. Stat Database. [EB/OL] http: //stats. oecd. org/Index. aspx.

[18] OECD Trade Policy Paper in 2015.

[19] Petersburg, Russian Federation (2013) . Interconnected Economies: Benefiting from Global Value Chains [M]. OECD Publishing, Paris. doi: 10. 1787/9789264189560 - en.

[20] Stehrer, R. Trade in Value Added and the Value Added in Trade, Vienna Institute for International Economic Studies Working Paper, 2012.

[21] Timmer, M. P. The World Input - Output Database: Contents, Sources and Methods [R]. WIOD Working Paper, 2012.

[22] Timmer, Marcel P. (2012) . The World Input - Output Database (WIOD): Contents, Sources and Methods. WIOD Working Paper 10. http: //www. wiod. org/publications/papers/wiod10. pdf.

[23] Timmer, M. P. B. Los, R. Stehrer and G. J. de Vries. Fragmentation, Incomes and Jobs: An Analysis of European Competitiveness [J]. Economic Policy, 2013 (28): 613 - 661.

[24] Tukker, A. and Dietzenbacher, E. Global Multiregional Input - output Frameworks: An Introduction and Outlook [J]. Economic Systems Research, 2013 (25): 1 - 19.

[25] UNCTAD (2007). Trade in Services and Development Implications, TD/B/COM. 1/85, Geneva.

[26] UNCTAD (2013). World Investment Report, Geneva.

[27] UNCTAD (2013). Global Value Chains and Development: Investment and Value Added Trade in the Global Economy.

[28] UNCTAD (2014), The New Frontier of Competitiveness in Developing Countries: Implementing Trade facilitation, Geneva.

[29] Specialization: Framework, Measurement And Application. Economic Review, 2013 (3).

[30] WIOD (2013). The World Input – output Database (WIOD), www. wiod. org.

[31] WTO&IDE – JETRO (2011). Trade Patterns and Global Value Chains in East Asia: From Trade in Goods to Trade in Tasks [DB/OL], http: //www. wto. org /english /res_ e /booksp_ e.

[32]《中国发展对世界经济的影响》课题组．中国发展对世界经济的影响 [J]. 管理世界，2014 (10): 1 –16.

[33] 卢锋，李昕等．为什么是中国？——“一带一路”的经济逻辑 [J]. 国际经济评论，2015 (3).

[34] 胡鞍钢，马伟，鄢一龙．“丝绸之路经济带”：战略内涵、定位和实现路径 [J]. 新疆师范大学学报，2014 (2): 1 –10.

[35] 王岚．融入全球价值链对中国制造业国际分工地位的影响 [J]. 统计研究，2014 (5).

[36] OECD, WTO, UNCTAD (2013). Implications of Global Value Chains for Trade, Investment, Development and Jobs, 6th Aug.

[37] 柳思思．“一带一路”：跨境次区域合作理论研究的新进路 [J]. 南亚研究，2014 (2).

[38] Barro R J, Lee J W. A new data set of educational attainment in the world 1950 –2010 [J]. Journal of Development Economics, 2013 (104): 1

84－198.

[39] Bruhn D. Global Value Chains and Deep Preferential Trade Agreements: Promoting Trade at the Cost of Domestic Policy Autonomy? [OL] Available at SSRN 2464136, 2014.

[40] Wang Z, Wei S J, Zhu K. Quantifying International Production Sharing at the Bilateral and Sector Level [R]. NBER Working Paper No, 2013: 19677.

[41] Orefice G., Rocha N. Deep Integration and Production Networks: an Empirical Analysis [J]. The World Economy, 2013, 37 (1): 106－136.

[42] OECD, WTO. Trade in Value－Added: Concepts, Methodologies and Challenges, 2011.

[43] Melitz, M. J., &Redding, S. J.. Missing Gains from Trade. NBER Working Paper. 2014, No. 19810.

[44] 程大中. 中国增加值贸易隐含的要素流向扭曲程度分析 [J]. 经济研究, 2014, (9): 105－120.

[45] Stehrer, R., Fostera, N., &De Vries, G. J.. Value Added and Factors in Trade: A Comprehensive Approach. WIOD Working Paper. 2012, No. 7.

[46] WTO, &IDE－JETRO. Trade Patterns and Global Value Chains in East Asia: From Trade in Goods to Trade in Tasks. 2011.

[47] UNCTAD. Global Value Chains and Development Investment and Value Added Trade in the Global Economy (A Preliminary Analysis). New York and Geneva: United Nations. 2013.

[48] Feenstra, R. C., Inklaar, R., and Timmer, M. P.. The Next Generation of the Penn World Table. American Economic Review, 2015, 105 (10): 3150－3182

[49] 王岚. 全球价值链分工背景下的附加值贸易：框架、测度和应用 [J]. 经济评论, 2013 (3): 150－159

[50] 唐东波. 贸易开放、垂直专业化分工与产业升级 [J]. 世界经

济，2013（4）：47 - 68.

［51］樊茂清，黄薇．基于全球价值链分解的中国贸易产业结构演进研究［J］．世界经济，2014（2）：50 - 70.

［52］金晶，戴翔，张二震．全球要素分工背景下的中国产业转型升级［J］．中国工业经济，，2013（11）．

［53］金中夏．全球贸易与投资规则的重建［J］．新金融评论，2014，（6）：105 - 118.

［54］高敏雪，葛金梅．出口贸易增加值测算的微观基础［J］．统计研究，．2013，（10）：8 - 14.

［55］刘重力，赵颖．东亚区域在全球价值链分工中的依赖关系——基于 TiTV 数据的实证分析［J］．南开经济研究，2014，（5）．

［56］唐东波．贸易政策与产业发展：基于全球价值链视角的分析［J］．管理世界，2012（12）．

［57］唐铁球．中国制造业参与产业内分工与贸易的动因与收益研究：博士学位论文［R］．浙江：浙江大学．2011

［58］钟惠芸，黄建忠．垂直专业化分工体系下日本贸易波动的经验研究亚太经济［J］．2012.

［59］Stone，S.，Cepeda，R. C.，Jankowska，A. The Role of Factor Content in Trade：Have Changes in Factor Endowments Been Reflected in Trade Patterns and on Relative Wages？［Z］．OECD Trade Policy Working Papers，2011，No. 109.

［60］Foster，N.，Stehrer，R.，Timmer，M. P.，De Vries，G. J. The Factor Content of Trade：Time - series Evidence［Z］．Mimeo，University of Groningen，2011.

［61］Puzzello，L. A Proportionality Assumption and Measurement Biases in the Factor Content of Trade［J］．Journal of International Economics，2012，87（1）：105 - 111.

［62］Chor，D. Unpacking Sources of Comparative Advantage：A Quantitative Approach［J］．Journal of International Economics，2010，82（2）：152 - 167.

[63] Shikher, S. Determinants of Trade and Specialization in the Organization for Economic Co - operation and Development Countries [J]. Economic Inquiry, 2013, 51 (1): 138 - 158.

[64] UNCTAD (2014). World Investment Report. 2014.

[65] Zhi Wang, William Powers, Shang Jin Wei. Value Chains in East Asian Production Networks - An International Input - Output Model Based Analysis [R]. NBER Working Paper, 2009, No. 10.

[66] 陈宪，殷风. 国际服务贸易 [M]. 北京：机械工业出版社，2013.

[67] 孟东海，郭江平. 中日韩服务贸易竞争力及专业化程度演进分析 [J]. 商业经济研究，2015 (5).

[68] 马静，逯宇铎. 对外贸易结构与中日韩服务贸易比较研究 [J]. 统计与决策，2012 (17).

[69] Maria Bas. Input - trade Liberalization and Firm Export Decisions: Evidence from Argentina [J]. Journal of Development Economics, 2012, 97: 481 - 493.

[70] 李向阳. 亚太蓝皮书：亚太地区发展报告 (2014) [M]. 北京：社会科学文献出版社，2014.

[71] 叶蓁. 全球产品内分工与资本形成 [J]. 国际金融研究，2011, (10): 55 - 64.

[72] 薛澜，俞晗之. 新兴经济体发展与全球治理 [J]. 经济体制改革，2015, 33 (1).

[73] 于津平. 国际贸易新格局与全球贸易治理 [J]. 南开学报 (哲学社会科学版)，2012, 57 (1).

[74] 李艳君. 未来全球治理结构变化趋势及影响因素 [J]. 国际经济合作，2014, 35 (12).

[75] Heydon K. Plurilateral Agreements and Global Trade Governance: A Lesson from the OECD [J]. World Trade, 2014, 48 (5)

[76] Cling J. The Future of Global Trade and the WTO [J]. Foresight, 2014, 16 (2).